JASON LEEN

Die Heimkehr des Propheten

Buch

Vieles deutet darauf hin, daß der Dichter Khalil Gibran seinen beiden Meisterwerken über die Geschichte des Propheten einen dritten Teil hinzufügen wollte. Dazu kam es jedoch nicht mehr. Mehr als vierzig Jahre nach dem Tod Gibrans manifestiert sich im Arbeitszimmer von Jason Leen die ätherische Gestalt von Almitra, der arabischen Prinzessin. Sie ist gekommen, um mit ihm die Geschichte des »Propheten« zu Ende zu schreiben. Die von Jason Leen medial empfangene Fortsetzung der Geschichte des Propheten Almustafa zeichnet sich durch einzigartige Poesie und mystische Kraft aus.

Im Goldmann Verlag ist von Khalil Gibran bereits erschienen:

Im Garten des Propheten (41107)
Der Wanderer (13212)

JASON LEEN

Die Heimkehr des Propheten

Aus dem Amerikanischen
von Angela Hoffmann

GOLDMANN

Umwelthinweis:
Alle bedruckten Materialien dieses Taschenbuches
sind chlorfrei und umweltschonend.

Der Goldmann Verlag
ist ein Unternehmen der Verlagsgruppe Bertelsmann

Vollständige Taschenbuchausgabe Dezember 1997
Wilhelm Goldmann Verlag, München

Originalverlag: Illumination Arts, WA
Originaltitel: The Death of the Prophet
Umschlaggestaltung: Design Team München
Satz: IBV Satz- und Datentechnik GmbH, Berlin
Druck: Presse-Druck Augsburg
Verlagsnummer: 13247
KF · Herstellung: Sebastian Strohmaier
Made in Germany
ISBN 3-442-13247-9

1 3 5 7 9 10 8 6 4 2

Dieses Buch ist Gottes Kindern überall auf der Welt gewidmet. Mag es uns inspirieren, in noch größere Höhen innerhalb des strahlenden Glanzes des Heiligen Geistes emporzusteigen.

Danksagungen

Viele Menschen haben mit ihrer Liebe und Unterstützung auf unzählige Arten dazu beigetragen, diese Arbeit voranzubringen. Jedem einzelnen möchte ich meinen tiefempfundenen Dank aussprechen, denn ohne eure Hilfe wäre dieses Buch immer noch ein Traum.

Marisa Lovesong und John Thompson möchte ich meine große Anerkennung für ihre unschätzbare Arbeit bei der Vorbereitung dieser überarbeiteten Ausgabe ausdrücken.

Mein besonderer Dank gilt auch Carol Wright für das Layout und die Titelbildgestaltung, William Brooks für das Titelbild (der amerik. Ausg., d. Hrsg.), das uns auf so kraftvolle Art und Weise in das Buch einführt und an Paula Levine für ihre exquisite Tintenstiftzeichnung am Ende des Buches.

Mein besonderer Dank gilt auch Alfred A. Knopf, Inc. für die Erlaubnis, aus dem »Garten des Propheten« von Khalil Gibran (Copyright 1933) und aus »Dieser Mann aus dem Libanon. Eine Studie von Khalil Gibran« von Barbara Young (Copyright 1945) zu zitieren.

Darüber hinaus möchte ich Kahlil Gibran, Almitra und Almustafa meinen tiefstempfundenen Dank für die Möglichkeit aussprechen, dienen zu dürfen. »Die Heimkehr des Propheten« habe ich nach besten Kräften genau so geschildert, wie es eurer Absicht entsprach. Ich weiß, daß das Buch für jeden Leser das leuchtende Spektrum erweitern wird, das »Der Prophet« und »Der Garten des Propheten« über die Erde ausgeströmt haben.

J. L.

Vorwort

Kahlil Gibran ist einer der beliebtesten und meistgelesenen Autoren aller Zeiten. Durch seine einzigartige Fähigkeit, zeitlose, oftmals schwer erfaßbare Wahrheiten in lebendige Poesie zu übertragen, hat er unzählige Leben berührt.

Gibrans Motivation gründete sich auf der Suche nach Wahrheit und dem Wunsch, den Menschen zu helfen, sich der Wahrheit ihrer Göttlichkeit bewußt zu werden. Er verlieh unseren innersten unausgesprochenen Gedanken und Sehnsüchten Gestalt, und für viele Menschen sind seine Worte wie ein Leitstern, der in der Dunkelheit leuchtet.

Seine Reichweite erstreckt sich weit über die bedruckte Seite hinaus. Oft, in den veröffentlichten Werken wie auch in der privaten Korrespondenz, deutete Gibran an, daß er fähig war, die Zeit zu durchdringen, indem er die Vergangenheit ebenso wie die Zukunft im Geiste schaute. In welchem Ausmaß er in diesen Sphären weilte, ist nicht bekannt, aber sicher ist, daß eben diese Fähigkeit sein Werk entscheidend beeinflußte.

Während Gibran »Der Prophet« schrieb, floß ihm Inspiration aus einer unendlichen Quelle zu, die ihn befähigte, nicht nur die außergewöhnliche Qualität der Arbeit, die dieses Werk erforderte, sondern gleichzeitig auch die Totalität des vollendeten Gesamtwerkes selbst wahrzunehmen. Je mehr sich sein Leben dem Ende zuneigte, desto größere Bedeutung erlangte jene göttliche Eingebung, die es ihm gestattete, mit Sicherheit sagen zu können, daß sein Werk sogar nach seinem Tod vollendet werden würde.

Gibran erkannte, daß »Der Prophet« nur der Anfang war. Nachdem er die Gesamtheit seines Werkes geschaut hatte, wußte er, daß es zwei weiterer Bücher bedürfte, um Almustafas Botschaft für die Menschheit zu vervollständigen.

So begann er das zweite Buch »Der Garten des Propheten« und arbeitete bis zum Tag seines Abschieds an diesem Manuskript. Kurz vor seinem Tod schrieb er:

Ich gehe, aber wenn ich mit einer Wahrheit gehe, die noch keine Stimme fand, wird diese Wahrheit mich wieder suchen und finden, auch wenn die Teile meines Seins in der Stille der Ewigkeit verstreut sind; und ich werde wieder zu dir kommen, um mit einer Stimme zu sprechen, die aus dem Herzen jener grenzenlosen Stille neu geboren wurde.

Und gäbe es etwas Schönes, daß ich dir noch nicht zeigte, dann werde ich wieder gerufen werden, sogar bei meinem eigenen Namen, Almustafa, und ich werde dir ein Zeichen geben, daß du wissen wirst, daß ich gekommen bin, um all das auszusprechen, das noch fehlte, denn Gott wird es nicht erdulden, daß ER vor dem Menschen verborgen ist, noch wird ER ertragen, daß SEIN Werk verhüllt in den Abgründen des menschlichen Herzens liegt.«*

Mit diesem prophetischen Bekenntnis offenbarte Gibran mutig, daß der Ursprung seines Schreibens wahrhaft göttlich war und sein vervollständigtes Werk schließlich in seiner Gesamtheit erscheinen würde – obwohl sein leiblicher Tod bevorstand.

Mehr als vierzig Jahre später, am 6. Januar 1973, geschah es, daß ich zu einem damals unwissenden Werkzeug wurde, um meine Aufgabe bei Gibrans Prophezeiung zu erfüllen. In der Frühe jenes Morgens erschien die ätherische Form Almitras – einer arabischen Priesterin – im Arbeitszimmer meines Hauses. Sie war gekommen, mir eine Geschichte zu überbringen.

Dies war der leise Beginn von Almustafas Wiederkehr. Wenig ahnte ich davon, daß ich dabei war, eine Aufgabe zu übernehmen, die mehr als sechs Jahre meines Lebens in Anspruch nehmen würde.

* (Khalil Gibran, »Der Garten des Propheten«, New York: Alfred A. Knopf, Inc. 1933, Seite 61)

Zu jener Zeit befand ich mich in meinen frühen Zwanzigern. Da ich nur wenig von Gibrans Werk gelesen hatte, erkannte ich die Bedeutung der Geschichte und den Namen Almustafa nicht. Obwohl ich einige frühere Erfahrungen mit Hellhörigkeit besaß, hatte ich niemals versucht, mit Hilfe dieser Fähigkeit ein Manuskript zu erstellen.

Anfänglich verband sich sowohl Freude als auch Verwirrung mit Almitras Besuchen. Es handelte sich um ein Verfahren, das mich sehr intensiv in Anspruch nahm, da es immer wieder außerordentlich schwierig für mich war, dem Rhythmus ihrer Worte zu folgen. Lange Zeit hatte ich absolut keine Vorstellung, welchen Titel das vollendete Werk tragen würde. Aber es gab nie einen Zweifel an der Tatsache, daß mich eine außergewöhnliche Energie umgab, wann immer ich das Material empfing. Es war eine Art emporhebendes, aufheiterndes Gefühl, das ich niemals zuvor gekannt hatte. Diese Energie war es, die mich aufrechterhielt und in jenen Jahren der Arbeit nährte, damit es mir möglich wurde, die zarte Schönheit der Schwingungen Almitras, die die Geschichte ihres Geliebten widerspiegelten, in unserer begrenzten Erdensprache auszudrücken.

Durch völlige Hingabe an diese Bemühung und durch ein stetes Wachstum meines eigenen Bewußtseins, wurde das Manuskript Anfang 1979 beendet. Der erste Druck erschien etwas später in jenem Jahr.

Mit Hilfe vieler unterschiedlicher Quellen habe ich versucht, die Wahrheit dieses Werkes zu verifizieren. Nun kann jeder von euch selbst entscheiden: Beschließt »Die Heimkehr des Propheten« die Trilogie in Gibrans Sinne? Ich glaube aufrichtig, daß dem so ist.

Aber wie auch immer, ich war nicht der einzige, der dabei half, der Erde Almustafas Lied zu überbringen. Barbara Young diente auf ähnliche Weise nach Gibrans Tod, indem sie das zweite Buch der Trilogie »Der Garten des Propheten« nach Gibrans Tod vervollständigte.

In ihrem späteren Buch, »Dieser Mann aus dem Libanon: Eine Studie von Kahlil Gibran«, beschreibt sie einige ihrer Erfahrungen während dieser Vervollständigung:

»Gibran plante ursprünglich zwei zusätzliche Bände, um die Reihe des ›Propheten‹ zu vervollständigen, den gerade erwähnten und den dritten, der ›Die Heimkehr des Propheten‹ heißen sollte. Unglücklicherweise war nichts von dem letzten aufgeschrieben worden. Oft sprach er davon, wenn er sagte: ›Wir werden das und das schreiben.‹ Aber nur ein Satz wurde niedergeschrieben. Dieser Satz faßte das tragische Ende zusammen, das er für Almustafa vorhersah. Es war dieser: ›Und er wird zurückkehren zu der Stadt von Orphalese ... und sie werden ihn steinigen auf dem Marktplatz bis zum Tode; und er wird jeden Stein mit einem gesegneten Namen rufen.‹

Es sollte ein Buch sein, das von der Beziehung zwischen Gott und Mensch handelte, so wie ›Der Prophet‹ die Beziehung der Menschen untereinander behandelte und ›Der Garten‹ auf die Beziehung zwischen Menschen und Natur einging.

›Der Garten‹ war, wie Gibran sagte, ›auf dem Weg.‹ Die verschiedenen Teile waren fast fertiggestellt. Eine weitere Vorkehrung wurde nicht getroffen, und so fehlte der Faden der

Geschichte, auf dem sich die Juwelen seiner Gedanken aufreihen sollten. Eine ganze Weile verging, ehe ich mich dazu durchringen konnte, es selbst zu tun. Aber schließlich war es sonnenklar, daß damit sowohl eine Auszeichnung, als auch eine Art Zwang einherging. Es gab da etwas, dem ich weder bei Tag noch bei Nacht entgehen konnte. Von irgendwoher fühlte ich einen seltsamen, zarten und beharrlichen Drang, der mich mitten in der Nacht aufweckte und mich fast hörbar fragte: ›Wann wirst Du anfangen‹?

Als ich mich schließlich hinsetzte, um das Buch in seine endgültige Form zu gießen, waren die Bedenken verflogen. Der Rahmen für die unterschiedlichen Bilder, die Gibran mit seinen leuchtenden Worten gezeichnet hatte, wurde lebendig, so als ob er tatsächlich das Benötigte bereitstellte. So wurde das Buch vollendet.« *

Diese Information entdeckte ich, nachdem ich einige Jahre an »Die Heimkehr des Pro-

* Barbara Young, Dieser Mann aus dem Libanon: Eine Studie von Kahlil Gibran, New York: Alfred A. Knopf, Inc. 1945)

pheten« gearbeitet hatte. Ich war sofort tief ergriffen. Ihre Worte waren mir enorme Unterstützung und bewiesen die Gültigkeit meiner eigenen Erfahrung. Sie schilderte ohne Zweifel einige meiner tiefsten Gefühle und Erkenntnisse während der Arbeit mit Gibran.

Dennoch bezieht sich dieses Geschehnis nicht nur auf Gibran. Die Literaturgeschichte hält zahlreiche Beispiele von Individuen bereit, die sich geführt, oftmals sogar genötigt sahen, ein unvollendetes Werk nach dem Tode des Autors zu beenden. Da die Menschheit nun in eine Epoche beispiellosen Bewußtseinswachstums eintritt, empfangen viele Menschen erleuchtete Informationen und spirituelle Führung. Es ist erfreulich zu beobachten, daß die allgemeine Öffentlichkeit diese Informationen heutzutage unbefangener akzeptiert.

Ein Vorwort ist nicht für eine umfassende Schilderung der Art und Weise der Übermittlung und des Empfangens geeignet, denn dieses Thema ist so unterschiedlich wie die betroffenen Individuen selbst. Ich glaube aufrichtig, daß es jedem genügend motivierten

Menschen möglich ist, Zugang zu erleuchteten Gedanken, Entwürfen, ja sogar Kunstwerken zu erhalten, die für die Menschheit sonst verloren wären.

Ohne diese Möglichkeit wäre diese unsterbliche Geschichte – Almitras Geschenk für ihren geliebten Almustafa – für immer verloren.

Alle diejenigen, die Almustafas Weisheiten lauschten und ihn liebten, werden diese Liebe in ihren Herzen wiederentdecken, denn noch einmal hilft er uns, die oftmals leisen Lieder des Lebens zu vernehmen.

Jason Leen
August 1988

Die Heimkehr des Propheten

Almustafa, der Erwählte und Geliebte, der seiner Zeit eine Abendsonne war, reiste für viele Jahreszeiten fern von der Insel, der Heimat seiner Vorfahren, weit bis in unbekannte und entfernte Länder.

Und inmitten der Folge jener irdischen Jahreszeiten, da besuchte sein Herz eine Jahreszeit von anderer Art und riet ihm, zurückzukehren in die Stadt seiner Jugend. Es war der Monat Jelul, zur Jahreszeit des Erntens, da er zum zweiten Male zur Stadt Orphalese zurückkehrte, neun Jahre vom Tage der Zeit seines Abschieds.

Seine Wiederkehr war die eines Mannes, schwer beladen mit den Früchten seiner Männlichkeit, und so würde er die Ernte einbringen und mit liebenden Händen verzehren.

Für viele Tage begrüßten mich diese Gefühle wie treue Botschafter seines Herannahens. Und so wie es sich ereignet hatte bei seiner ersten Ankunft, so ereignete es sich bei seiner Wiederkehr, daß seine Lichtgestalt mich besuchte während der Dunkelheit, bevor ich seine fleischliche Gestalt am Tage erblickte.

Und so wie ich ihn das erste Mal gesucht hatte, so suchte ich nun nach ihm und fand ihn, als er kaum eine kleine Weile in der Stadt war.

Als ich ihn zuerst erblickte, erschien er gleichzeitig älter und jünger. Denn seine Augen waren sanfter und dennoch glänzender, und seine Gestalt war gebeugter, dennoch erschien er so dauerhaft wie die Erde selbst.

Seine Augen suchten die meinen, als ich herankam, und er erhob sich, mich zu begrüßen. Seine Hände nach mir ausstreckend, sagte er:

»Almitra, meine Schwester des Lichtes! Lange suchte und schaute dich das Auge meiner Seele in der Folge deiner Tage, und lange haben dich die Flügel meines Herzens in den Träumen deiner Nächte umarmt.

Komm, stelle dich näher zu mir, so daß meine Augen in deiner Schönheit baden können und öffne dein Herz, so daß wir unsere Seelen unter dem himmlischen Mantel der Sterne aufs neue verschmelzen.«

Ich konnte nichts tun, außer mich vorwärtszubewegen. Die Worte, die er gesprochen hatte, umfaßten die Ozeane, und ich schritt, als trieben mich mächtige Wogen voran. Dennoch empfingen seine Hände mein Gesicht, so zärtlich wie das Meer die Wolken empfängt. Ja, es war eine solche Zärtlichkeit, daß seine Hände ein eigenes Leben zu besitzen schienen, denn sehend wie die Hände eines blinden Mannes berührten sie mein Gesicht.

Aber noch nicht einmal für die Dauer eines Moments konnte ich mir ihn so vorstellen. Denn als Almustafa vor mir stand, da erschien ein Licht in seinen Augen, das bis auf den tiefsten Grund meines Seins hinabdrang. Und als das Wesen dieses Lichtes meine Seele berührte, da versammelte sich die Folge jener vergangenen neun Jahre im Heiligtum meiner Erinnerung und bereitete sich vor, sich Almustafa zu zeigen.

Ich wollte sprechen, ihren verschiedenen Rhythmen und Formen Leben verleihen, aber stattdessen fand ich mich noch tiefer hinabtauchend in das Licht seiner Augen.

Und so stand ich schweigend und fühlte, wie sich mein ganzes Sein mit diesem Lichte erfüllte, und er sprach zu mir: »Wisse, Almitra, ich bin nicht gekommen, die Worte des Gestern oder die unbezeugten Leidenschaften des Morgen zu suchen.

Vielmehr bin ich voll des Momentes, des JETZT; denn dieser ewige Augenblick ist die Geburtsstätte der Zeitalter, und so enthält er in der Unendlichkeit seiner eigenen Zeitlosigkeit alles, das Zeit heißt.

Ja, denn Gestern und Morgen treffen sich in immerwährender stiller Vereinigung im JETZT.

Hier vermischen sie sich und strömen ihre funkelnden Weine in ihre beiden Gefäße aus – stillschweigend annehmend, daß du dich in einen trägen Schlaf hineintrinken und jenes Joch widerstandslos annehmen wirst, das sie bereithalten für dich.«

»Aber hüte dich, denn herrscht dieses Joch

erst einmal, ist es schwer zu entfernen, denn seine Macht ist gleichzeitig kraftvoll und tückisch.

In deinem Rausch erscheinen dir Morgen und Gestern als notwendige Führer deines ganzen Seins. Dennoch tun sie nichts anderes, als dich in Kreisen zu führen. Dort webst du für immer die Träume der Zukunft mit den Taten der Vergangenheit und stellst so ein Gewand her; das trägst du, als sei es deine eigene Haut.

Ja, überaus seltsam sind die Handlungen, in die du verstrickt wirst.«

»Und während all dieser Zeit bist du daran gefesselt, diese Handlungen zu vollbringen und bist nicht gewahr, daß du der Weber bist und der Webstuhl zugleich.

Denn in Wahrheit hast du mit deinen Handlungen Zeit geschaffen. Unsere verschiedenen Taten haben ihren Ursprung in nichts anderem als dem einen, dem rhythmischen Pulsschlag des unendlichen Momentes: JETZT.

Almitra, entsage deinen Versuchen, die Zeit innerhalb des Augenblickes einzuschränken. Lieber wäre es mir, du deutetest jeden Moment als Türöffnung, die dich in die Unbegrenztheit des Raumes führen könnte, Raum, der übersprudelt von Leben.«

Er hielt inne, mir zu ermöglichen, die Kraft seiner Worte in mich aufzunehmen und fuhr dann fort:

»Komm, Schwester, steige auf mit mir im Glanze und segele weit hinter die Wolken der Ungewißheit.

Obwohl wir unsere Seelen mit begrenzenden Gedanken verdunkeln, sind wir in Wahrheit jenseits aller Begrenzungen. Und obwohl wir uns innerhalb von Formen bewegen, sind wir wahrlich formlos.

Nimm das Licht dieser Wahrheit in dich auf, Almitra, und laß es dich nähren, so wie die Sonne den Samen nährt, so daß du erleuchtet wirst, deine Augen zu deinem höheren Selbst zu erheben, das voller Liebe dich erwartet und immerdar über dir wacht.

Und erkenne inmitten der verzückten Umarmung dieser Erleuchtung die Einheit der kleineren und größeren Wesenheiten. Verstehe, daß es in Zeit und Raum nur ein Selbst gibt. Ja, eine einzige Quelle für alle lebenden Wesen, den Geist des Lebens selbst.

Und begreife ebenso, daß du, einmal vereinigt mit diesem Geist, jedem Wesen in Raum und Zeit verbunden bist. Und so soll es sein, denn obwohl du auf Erden weilst, bist du nicht gänzlich von Erde und wirst die Freude der Freiheit des Raumes erfahren und kennenlernen.«

Bei diesen letzten Worten entströmte das Licht, das Almustafa in seinen Augen gesammelt hatte, wie flüssiges Gold und breitete sich in eine sichtbare Sphäre aus, die unser beider Gestalt in die ihr eigene Morgenröte einhüllte.

Im Licht vereint, tauchten wir tief hinab in die Nacht, bis die ersten Lichtstrahlen der Dämmerung unsere Rückkehr begleiteten.

Schließlich, zurück in der Stadt, gingen wir sofort in den Tempel, denn eine erwartete uns dort mit bangen Gedanken. Wir kamen leise, doch hörte sie uns mit ihren empfindsamen Ohren; und so kam sie, uns in der Eingangshalle zu begrüßen. Wärme und Lächeln waren ihre Geschenke, als sie uns umarmte, und sie fuhr fort, sie zu schenken, als sie sich zu Almustafa begab.

Sie wandte sich dem Licht zu, stand vor ihm und sagte mit sanfter Stimme:

»Ich bin Sarah.«

Und nun sah er den Beweis des Geschenkes, das das Leben ihr bald überreichen würde.

Er lächelte. Für einen Moment verharrte er schweigend, ehe er zu ihr ging, sie voller Güte umarmte und sagte: »Gepriesen seist du, Mutter der Sterne, denn in dieser Blume wird der Tempel weiter erblühen.«

Für lange Zeit schwiegen wir. Dann sagte ich: »Kommt, laßt uns in den Garten gehen und dort unser Mahl verzehren, wo es von den Strahlen der Morgensonne erwärmt wird.«

Wir setzten uns zwischen zwei Zypressenbäume und teilten das Mahl im Schweigen, in dem das unhörbare Lachen unserer Kindheitsfreuden und die frohlockenden Lieder unseres höheren Selbstes widerhallten.

Das Schweigen blieb ungebrochen, bis Almustafa sich Sarah zuwandte und bat:

»Sarah, obwohl ich dich nur Augenblicke kenne, ist etwas um dich, das mich dir einen Rat schenken läßt, so als ob eine alte Freundschaft uns verbände.

Und so bitte ich dich, mir zu sagen, welcher Schatten auf dein Herz fällt, vielleicht vermag ich seinen Einfluß auf dich aufzulösen. Befreie dein Herz von der Last, und befähige es stattdessen, sich den Wundern der Freude und Liebe zu öffnen.«

Seine Worte enthielten einen machtvoll heilenden Balsam für Sarah. Und als sie ihm antwortete, geschah dies mit einer Ruhe des Gemütes, die sie seit Monaten vermißt hatte.

»Almustafa, viele Male hat Almitra ihre Gedanken über die Kraft deiner Erleuchtung mit mir geteilt, aber jetzt erfahre ich sie zum ersten Mal.

Und in der Tat ist es seltsam, denn wirklich sahst du in das Innerste meines Seins, und da ist kein Raum mehr, die Gedanken zu verheimlichen, die du, das fühle ich, schon kennst.

Du hießest mich sprechen, und so bitte ich dich, mit mir dein Geschenk der Erleuchtung zu teilen und mir den Lauf meiner Tage zu enthüllen.

Führe mich mit deinem Licht; einmal waren auch meine Augen voller Licht, doch jetzt sind sie nur voller Schatten der Verwirrung und der Sorge.

Bruder, ich könnte schon wissen, was kommt, denn vieles hat sich ereignet, das deutlich vom Wandel kündet, aber das Wissen davon muß sich noch einstellen.«

»Almitra sprach von den Zyklen ihres Tempels, daß immer dann, wenn die Zeit naht für eine, den Tempel zu verlassen, eine andere kommt, ihren Platz einzunehmen; und diese beiden kennen sich in besonderer Art und Weise.

Fast zwei Jahre bevor ich diese Hallen betrat, da träumte ich von einer Frau und kannte ihr Gesicht so wie das meine. Da ich jedoch einen Mann heiratete mit wenig Verständnis für diese Dinge, behielt ich diese Visionen für mich. Aber mit dem Tod meines Mannes in diesem Jahr mußte ich dieses Gesicht suchen, wenn es denn wirklich auf Erden weilte. Ich suchte in vielen Städten und Dörfern und fand sie nicht. Dennoch hörte mein Herz nicht auf, mir zu sagen, ich solle die Suche fortsetzen.

Dann, eines Morgens, ich saß auf dem Marktplatz dieser Stadt, da kam sie. Und wir erkannten uns auf eine Art, in der ich niemals jemand anderen kannte.

Seit meiner Ankunft hat sie ihre Weisheit

mit mir geteilt; und nun, da du hier bist und damit ihren Traum deiner Ankunft erfülltest, wartet sie nur noch, mir zu helfen, mein Kind zur Welt zu bringen, ehe sie geht.

Aber, Almustafa, was wird aus mir?

Wie kann ich dienen? Wie kann ich das geben, das ich nicht zu besitzen scheine?

Und was ist mit meinem Kind? Ist das hier unser Zuhause?«

Almustafa hob seine Hand und sprach zu ihr mit einer Geste des Trostes:

»Sarah, Frieden sei mit dir.«

Lange beruhigte er sie mit seinem Blick und fuhr dann fort zu sprechen:

»Schwester, warum bist du über deine Entwicklung verwirrt? Weißt du nicht, daß der *Geist des Lebens* jeden deiner Schritte lenkt?

Es wäre viel besser für dich, Vereinigung mit diesem Geiste zu suchen, als hier zu sitzen und mich zu befragen.

Denn nur dieser Geist kann dir die Geheimnisse deines Herzens enthüllen. Und die Schätze, die du suchst, sind viel eher dort, als in dem Fortschreiten der Tage verborgen.

Vergiß nicht, Sarah, daß die Tage der Welten gezählt, aber die Wunder des Herzens unendlich sind.«

»Wenn du einst die Geheimnisse, die dir geschenkt sind, enthüllst, bin ich sicher, daß in der Tat viele Schätze ausgeteilt werden, denn du bist wie der Same, aus dem dieser Wald hier entsprang.

In deiner Jugend kannst du dir das Leben, das aus dir hervorgehen wird, so wie der Baum aus dem Samen, noch nicht vorstellen.

Und wenn du wächst, um der Baum zu werden, dann erinnerst du dich nicht daran, Same gewesen zu sein.

So, unfähig den Kreis deines eigenen Seins zu verstehen, bist du nicht fähig, das ganze Reich des Lebens zu erfassen. Ohne aber das Ganze des Lebens zu empfangen, lebst du nur innerhalb der begrenzten Welt deines eigenen Verstehens.

Und du kannst nur in die Höhe wachsen, die du dir vorstellen kannst, so wie der Baum nur in der Weise emporstreben kann, in der seine Wurzeln die Tiefe der Erde erreichen.

Sarah, das ganze Universum könntest du betrachten und dennoch, da du die Einheit der Dinge nicht verstehst, fiele dein Schauen ins Nichts.

Im besten Falle erlangtest du einen flüchtigen Eindruck von dem, das du zu sehen trachtest; denn wenn das Licht der Einheit deine Vision nicht erleuchtet, empfängst du nichts als Dunkel und Schatten.

Aber begreife, daß dein Verstehen des Universums zunächst in dir selbst geboren sein und die unterschiedlichen Arten des Selbst enthalten muß. Denn nur durch dein Begreifen des Selbst wirst du das Universum verstehen.

Ja, Sarah, du mußt wachsen und dein Selbst erfahren.«

»Und so trachte danach, in deinem Wachstum mehr dem Baum zu gleichen, unter dem wir hier sitzen. Denn obschon ein Same ihn hervorbrachte, gab bereits dieser Same das Leben, das ihm innewohnte, frei, und so mußt du dich freigeben. Der Same fürchtete nicht, in welcher Art er wachsen würde, noch wohin, noch als was, noch wann er wachsen würde. Er tat nichts anderes, als sich zu befreien – und dennoch wuchs er. Und während er vom Leben sang, vollendete er den heiligen Bund zwischen Himmel und Erde.

Denn dieser Baum ist nur wenig anders als Erde und Himmel. Er ist Erde, die sich in den Himmel erhob, um die Berührungen des Windes und des Regens zu suchen, und Himmel, der sich tief in die Erde tauchte, ihr Innerstes zu berühren.«

»Ja, Schwester, gerne sähe ich dich diesem Baum ähnelnd; und dennoch, sogar jetzt bist du ihm ähnlich in vielerlei Form, die nicht unbeachtet bleibt.

Denn muß nicht der Baum als Same seine Hülle abwerfen, um in den Himmel zu steigen? Ebenso wirst du deine Hülle ablegen, wenn du dich von deinem Samen-Selbst in dein Himmels-Selbst erheben wirst.

Und muß nicht der Baum seine Wurzeln tief in die Erde graben, ehe er sich majestätisch in den Himmel erheben kann? Ebenso mußt du die Tiefen deines Seins erschließen, ehe du dich in die Höhen deines Seins erheben kannst. Und, Sarah, vereinigt sich der Baum nicht immerwährend mit allen Elementen, die seiner Entwicklung dienen? Empfängt er nicht den kühlen, feuchten Kuß des Regens mit gleicher Freude wie den feurigen, heißen Kuß der Sonne?«

»Und so sage ich dir, daß du auf ewig von dem umgeben bist, das deiner Entwicklung dient.

Könntest du nur diese Wahrheit erfassen, dich weit öffnen, das Geschenk, das sie bereithält für dich, zu empfangen, alle Erinnerung an Trennung schwände dahin, und es bliebe nur der leuchtende Gesang der Einheit, um dein ganzes Sein zu durchfluten.

Badest du erst in diesem Gesange, hält sogar der Tod dich nicht mehr zurück. Denn Tod ist verwandelt in Leben und steht vor dir, um dir zu dienen, nicht, dich zu hindern oder zurückzuhalten.

Nicht länger solltest du das Gesicht des Todes fürchten. Befreie dich, Sarah, und liebe ihn. Und wenn du ihn liebst, wirst du befreit sein von den Schmerzen, die du als besonderes Maß seines Geschenkes des Wachstums verlangt haben magst.

Frieden sei mit dir. Sei gewiß, daß du auf ewig deinem höheren Selbst zustrebst und begreife, daß sich nichts verändert, abgesehen von dem, das sich ändern muß, deine Entwicklung voranzutreiben.«

Die Freude seiner Worte wohnte in ihrem Herzen, und so fühlte Sarah, daß sie von der Ekstase ihres Gesanges widerhallte, und sie wurde der Verwunderung des Samens gewahr, der durch die letzten Schneekristalle des Winters emporstrebt, um von dem unvorstellbaren Feuer der Sonne willkommen geheißen zu werden.

An einem Abend, kurz nach seiner Ankunft, als Almustafa und ich auf einem Berg in der Nähe der Stadt weilten, näherte sich uns eine Gruppe von Männern, die ihn suchten. Und als sie herankamen, betrachtete er sie in Erinnerung an die Jugend, die sie mit ihm geteilt hatten, denn nun waren sie Männer und hatten die Tage ihrer Jugend vergessen.

Als sie vor ihm standen, erhob er sich, sie zu begrüßen, und ein jeder von ihnen begrüßte ihn als Meister und wurde zurückgegrüßt.

Almustafa schwieg eine Weile und ließ einen jeden die Zusammenkunft in Frieden genießen, dann sagte er:

»Ich freue mich, euch an diesem Abend zu treffen, aber bitte grüßt mich nicht weiter als

Meister. Lieber möchte ich als euer Bruder begrüßt werden, denn ich verstehe jetzt, daß wir als Brüder uns treffen.

Wahrlich, kein Wesen dieser Erde ist vom anderen getrennt, außer durch die Entfernung der Angst, die die Furcht erzeugt. So bitte ich euch, eure Ängste beiseitezulegen und uns schnell jede Entfernung durchqueren zu lassen, die uns fürderhin trennen könnte.«

Er stand schweigend, als die Männer sich anschauten und eine Stimme suchten für ihre Antwort.

Schließlich erhob sich einer der Männer und sagte:

»Bruder, wären wir Lasttiere, dann könnten wir unsere schweren Lasten beiseitelegen, aber es scheint, daß unsere Ängste so einfach nicht überwunden sind.

Dennoch suchen wir dich hier auf, so wie wir viele Male zuvor nach dir suchten: Deiner Führung und deines Wissens bedürftig.«

Almustafa wandte sich ihnen zu, und seine Stimme vermischte sich mit der Freiheit des Flügelschlags tausender Vögel, als er sagte:

»Brüder, gerne will ich euch raten, aber wie soll ich euch antworten? Würde ich nein sagen, würdet ihr annehmen, ich geizte mit meinem Licht, und sagte ich ja, ich führte euch nirgendwohin als zu eurem eigenen Selbst.

Denn in Wahrheit gibt es nichts als dieses Selbst in der gesamten Schöpfung.«

Für einen Augenblick hielt er inne und bedeutete ihnen, sich zu uns zu setzen, und nachdem sie Platz nahmen, fuhr er mit seiner Rede fort:

»Nur durch das Begreifen der Wahrheit des Selbst werdet ihr im immerdar fließenden Strom des Lebens Frieden finden. Wahrlich, es ist dieser Friede, den ihr sucht, der das Gewand des Wissens trägt.

Seid gewiß, daß das Herz des Selbst in einem Rhythmus schlägt, aus dem alle anderen Rhythmen entsprangen. Für jeden von euch wäre es besser, diesem einzigen Rhythmus zu lauschen, um dadurch den Schlag eures Herzens auf ihn einzustimmen.

Denn so würdet ihr euer Geburtsrecht einfordern und in Harmonie mit dem Leben sein. Ihr würdet verstehen, daß das Selbst grenzenlos ist, und daß ihr, kehrt ihr vor seiner Tür um, euch das Joch der Trennung und damit eine Last, die ihr nicht tragen solltet, aufbürdet.«

Er tröstete sie mit einem Lächeln und fuhr fort:

»Brüder, versucht mehr den Jahreszeiten der Erde zu gleichen, denn enthält nicht jede Jahreszeit in Wahrheit die kostbaren Geheimnisse der anderen drei?

Macht es ebenso! Entfaltet euch so weit, bis ihr die Gesamtheit des Lebens umfaßt.

Ja, nehmt das unsichtbare Kreisen der Sterne ebenso in euch auf wie die unsichtbaren Bahnen der Teile des Lichtes, die die Luft erfüllen, die ihr eben jetzt einatmet, und umarmt die Unendlichkeit.

Sogar jetzt, in eurer Vergeßlichkeit, tut ihr nichts anderes als eben das.

Ja, denn obwohl ich möchte, daß eure bewußten Taten mehr den Jahreszeiten ähneln, gleicht ihr ihnen in einer Art, die tief in euren unbewußten Bereichen ankert.

Denn ich sage euch, ihr schreitet fort, obwohl ihr euch in sprachloser Verwirrung befinden möget und euch eure Taten nicht im Bewußtsein bleiben, ihr schreitet unentwegt fort.«

»Denn wie alle Wesen, die sich dem Rhythmus der Jahreszeitenfolge verschmelzen, werdet ihr eines Tages am Tisch eures höheren Selbst sitzen.

Und an diesem Tisch wird eure Seele und euer Leib speisen.

So werdet ihr der Fülle des Lebens gewahr und überantwortet euch in des Lebens liebende Fürsorge, und ihr werdet wissen, daß, wann immer ihr hungert und was auch immer der Grund dafür sein möge, lediglich nötig ist, euer Herz und euer Bewußtsein zu öffnen.

Wahrhaftig, ganz in eurer Nähe werdet ihr finden, was euren Hunger stillt.

Und so werdet ihr erkennen, daß ein jeder von uns, der auf Erden weilt, bereits die Antwort auf jede Frage, die sich ihm stellt, in sich trägt.«

Almustafa hielt plötzlich inne und schwieg, bis sich eine Stimme aus der Gruppe erhob und ihn fragte:

»Was ist mit den wirklichen Schätzen deiner Seele, Almustafa? Enthüllen deine Worte uns wahrhaftig dein Wissen, oder behieltest du einige Geheimnisse für dich?«

Almustafa blickte auf und antwortete:

»Brüder, suchet nicht die Fesseln des Wissens, suchet vielmehr die Freiheit des Seins.

Und darüber hinaus, meine Freunde, suchet nicht dem in eurer Seele Wohnstatt zu geben, das nicht in euren Herzen schon Einkehr hielt.

Aber seid gewahr, daß die Gefühle und Kräfte, die in euren Herzen wohnen, in eurem Bewußtsein die Gesamtheit ihres Wesens entfalten werden, so wie die Gefühle meines Herzens sich an diesem Abend durch meine Worte offenbarten.

Wahrhaftig, nichts anderes braucht ihr zu tun, als die Einheit eures Selbst entschleiern, um seine Freiheit zu begreifen.

Ja, ihr müßt viel eher finden, als weiterhin suchen, denn im Finden werdet ihr alle eure Träume nach Hause tragen, und dort werden sie rasten, und ihr werdet schließlich den Frieden empfangen, den ihr suchtet.

Und obwohl ihr auf immer in dem niemals still stehenden Flusse des Lebens schwimmen werdet, sollt ihr euch niemals sorgen, denn seid euch bewußt, daß alles so ist, wie es sein sollte.

Und im Allerheiligsten dieses Friedens werdet ihr alle Mysterien des Lebens erblikken. Und während ihr weit über die Mauern des Verstehens hinausgeht, werdet ihr euren Anteil des schönen und süßen Weines des Lebens trinken.«

»Und so, meine Brüder und Freunde, wie kann ich zu euch kommen?

Ihr seid wie die warmen und gut gewässerten Felder, die nur noch der liebevollen Hände des Jätens und Schnitters bedürfen.

Durch das Jäten und Ernten eurer Felder werdet ihr Kraft und Sehnsucht verspüren, die Ernte zu sammeln und zu verzehren.«

Als Almustafa schwieg, verlor sich der Zauber, den seine Worte über die Männer ausgeströmt hatten. Dennoch sah ein jeder lange zu ihm auf, verharrte schweigend und brach dieses Schweigen erst, als sich alle versammelten, ihn zu umarmen. Dann erhob sich wie zu Beginn einer der Männer und verlieh ihren Gefühlen Ausdruck:

»Almustafa, deine Worte haben die vertrockneten Regionen unserer Herzen in die Gärten unserer Seelen verwandelt. Mehr kann niemand verlangen, und ebenso kann niemand mit Worten unseren Dank dafür ausdrücken, daß wir solches erfahren durften. So können wir nur Lebewohl sagen und unsere Häupter vor dir neigen.«

Mit diesem Gruß gingen die Männer so still, wie sie gekommen waren.

Nach einer Weile wandte ich mich Almustafa zu, und meine Augen flehten die seinen an, so wie meine Worte sein Herz suchten. Und ich sagte:

»Bruder, was ist mit denen mit ausgedorrten Gliedmaßen und geschwächter Haltung? Willst du versuchen, einem jeden allein mit deinen Worten dienlich zu sein?«

Er nahm meine Hände in die seinen und antwortete mir:

»Schwester, um die Wahrheit in all ihren Facetten, ihrer zarten Schönheit, ihrer lebendigen Anmut wahrnehmen zu können, muß man unter die Oberfläche jener Facetten und Gestalten schauen.

Und sogar jetzt ist das wahr; denn ich sage dir, wäre dir die vollständige Wahrheit dieses abendlichen Treffens bekannt, würdest du verstehen, daß für einen jeden dieser Männer in einer Art gesorgt wurde, die ihn von seinen Nöten befreite. Wahrhaftig, jedermann erhielt heute abend das Juwel, das er suchte.

Und so ist es und soll es sein mit allen, die mich suchen, denn sogar im Leid schmiegen sich die Wasser des Lebens an die Wurzeln und sehnen sich nur danach, gerufen zu werden. Ja, denn ich führe denen, die mich suchen, nichts anderes zu als ihr vollkommenes Selbst. Wahrlich, alle müssen sich auf diese Reise begeben, Almitra, denn ich werde nicht immer hier sein, um ihre Nöte zu lindern.«

Er erhob sein Haupt, bedeutete mir, so wie er zu den Sternen aufzublicken und sprach mit sanfter Stimme:

»Wie schade ist es, daß die Menschheit sich in ihrer Hast, einen kleinen Teil des Wissens über das Leben zu erlangen, der Wahrheit seiner vollständigen und ewigen Einheit mit dem Ganzen des Lebens beraubt.«

Dann versank er in Schweigen und schien zwischen Himmel und Erde zu schweben, während er so stand und zu den Sternen aufsah. Und als er schaute, da erschien ein Licht in seinen Augen, das nicht geringer war als das Licht des leuchtendsten Sternes.

An einem anderen Abend erklommen Almustafa und ich die Hügel in der Nähe der Stadt, um ungestört den Himmel betrachten zu können.

An diesem Abend erzählte er mir von dem *lebendigen Atem*, der die Erde umhüllt.

Während er sein Haupt eine Weile senkte, zog er sich in völliges Schweigen zurück und suchte, den Rhythmus des eigenen Atems dem Fluten der Luft, die uns umwirbelte, zu verschmelzen.

Und als er vor mir stand, ergriff der Wind seine Umhänge und breitete sie in der Luft aus, wobei sich zwei Flügel aus Licht formten. So erschien er mir wie ein Engel mit Flügeln, der aus einer himmlischen Region herabgestiegen war.

Als er sich zu mir wandte und sprach, erblickte ich das Licht der Himmel um seine Schultern und in seinen Augen.

»Die Luft über der Erde fließt in fortwährender Bewegung, ein Ozean unsichtbaren Lebens. So ist sie auf viele Arten den Meeren vergleichbar, deren Wasser über die Oberfläche der Erde strömen.

Der Geist des Lebens haucht beiden Ozeanen mit gleicher Liebe seinen leuchtenden Atem ein. Und voll dieser Liebe umfassen beide die Erde und geben immerdar von sich, das Leben in dieser Welt zu erhalten.

Mit großer Zärtlichkeit und großem Erbarmen sind sie uns dienlich.

Denn die Ozeane baden und liebkosen unsere Gemüter und Körper mit ihren rhythmischen Wogen, während jene luftigen Meere, die den Himmel durchfluten, unsere Seelen bis weit hinter diese Welt tragen.

So verbinden sie beide die kleinste Form des Lebens mit der Unermeßlichkeit des formlosen SEINS. Und damit vollenden sie den Kreis der Schöpfung, der sie in Harmonie erlöst.«

»Wären wir doch nur so frei, denn unsere

Füße baden im Wasser und unsere Hände sind in den Himmel erhoben; dennoch können wir nicht atmen im Wasser und nicht schwimmen im Himmel.

Wir verneinen die Einheit in uns und somit die Einheit mit dem Ganzen der Schöpfung.

Aber, Almitra, die Veränderung wird mit Gewißheit kommen. In der Tat, wir müssen lieben und hingebungsvoll diesen lebendigen Bund wiederbestätigen, denn nur indem wir uns mit dem Glanz dieser Einheit umhüllen, können wir uns mit dem *Heiligen Herzen des Lebens* vereinen.

Und nur durch diese Vereinigung erfahren wir eines der kostbaren Mysterien des Lebens, daß nämlich jedem Teilchen des Lebens ein von Liebe erleuchtetes Herz innewohnt, ganz so wie unser eigenes.

Es ist dieses Herz, das strahlt und einen Stern aus jedem Teilchen des Lebens erschafft; und es ist nichts anderes als eben dieses Licht, das wir in jedem Schluck Wasser und mit jedem Atemzug suchen.

Wir könnten umhüllt von Licht an die

Stätte des Lebens zurückkehren, und dennoch verharren wir vor den Toren.«

»Können wir nicht von der Luft und dem Wasser lernen? Die Luft schwimmt durchs Wasser, und das Wasser durchflutet die Luft, denn beide sind in der Gesamtheit des Lebens vereint.

Wir erfüllen unsere Münder mit dem kühlen Wasser des Frühlings und unsere Lungen mit frischer Bergluft, aber dennoch bleiben unsere Augen blind und sehen das Licht der Liebe nicht, und unsere Ohren bleiben taub und hören das Lied des Lichtes nicht.

Wir trinken und atmen von dieser Welt ein, und dennoch bleiben uns die Mysterien des Lebens fremd, denn um diese Mysterien erfahren zu können, müssen wir vom Leben selbst trinken und atmen.

Wenn wir verstehen, daß jeder Durst aus dem einen Durst nach Leben herrührt, werden wir sicherlich mehr vom Leben selbst trinken, denn wir wissen, daß wir so all unseren Durst stillen.«

Er wandte sein Gesicht den Sternen zu und verschmolz seinen Atem ein weiteres Mal mit der Luft, die uns nun sanft umwehte und ein Wiegenlied der Liebe sang, während sich der Gesang seiner Worte langsam in Stille auflöste.

Lange verweilten wir an jenem Abend auf den Hügeln, denn es schien, als trüge uns die Luft in eine tausend Jahre entfernte Welt.

Und es geschah dort, daß wir die Jahre sich sammeln und an uns vorbeiströmen sahen, ganz so, als seien sie aus Wolken gemacht.

Dort tranken wir auch den mystischen Trank der Zeit und des Raumes, und, durch beide hindurchschreitend, waren wir frei. So empfing ich die verborgenen Mysterien der Lüfte, von denen selbst Almustafa nicht gesprochen hatte, da sie mit Worten allein nicht auszudrücken sind.

Von diesen Visionen verzaubert, stieg ich in endlose Ewigkeiten, bis schließlich Almustafa sich zu mir wandte und sprach:

»Schwester, da ist einer im Tal unter uns,

der unserer Hilfe bedarf, komm, laß uns gehen!«

Als ich diese Worte hörte, wandte ich mich dem Tal zu und versuchte, die Dunkelheit zu durchdringen, um den zu finden, der unserer Hilfe bedurfte.

Dennoch erblickte ich, abgesehen vom Tanz der Bäume im Wind und den zarten Fingern des Windes, der mein Gesicht streichelte, nichts.

Almustafa wurde meiner Anstrengungen gewahr und sagte:

»Almitra, sorge dich nicht, es ist nichts als eine erloschene Kerze, die des Lichtes bedarf.«

Bald darauf führte uns das leise Weinen eines Kindes durch das Tal. Wir folgten diesem traurigen Lied, bis wir einen kleinen Jungen fanden, von dem ich wußte, daß er Joshua hieß. Er war der jüngste Sohn eines Gerbers der Stadt und allen Menschen wegen seiner Abenteuer in den nahegelegenen Bergen bekannt.

Man sagte, daß er bei Tage in die Berge lief und, müde vom Spielen, einschlief, um dann bei Sonnenuntergang zu erwachen. Dann versuchte er, die Sonne zurück in die Stadt zu jagen.

Aber da er noch klein war und der Weg schwierig, gelang ihm das kaum. Und so fand er sich manchen Abend von Dunkelheit umgeben.

So fanden wir ihn, zusammengerollt wie eine Kugel und vor Furcht und Einsamkeit weinend.

Almustafa sah ihn, beugte sich nieder und hob ihn in seine Arme.

Er stand mit dem strahlenden Licht in seinen Augen und sang ein altes Lied, das denen in Not immer schon Frieden und Beruhigung schenkte.

So erhielt Joshua seinen Frieden zurück und konnte den Worten, die Almustafa ihm sagte, lauschen:

»Joshua, mein kleiner Bruder, warum weinst du? Siehst du nicht, daß es nur deine Tränen sind, die die Nacht verdunkeln? Und daß es nur deine Ängste sind, die den Schatten zwischen den Bäumen Gestalt und Leben verleihen?

Nichts brauchst du zu fürchten, Bruder, fürchte dich nicht vor der Nacht, die die Dämmerung in sich trägt, denn da ist nichts in der Dunkelheit, das nicht auch im Lichte wäre. Und da ist nichts in der unermeßlichen Sphäre des Lichtes und der Dunkelheit, das nicht auch im unendlichen Reich des Selbst wäre.

Und da du spielst und lachst, während das Feuer der Sonne die Luft zur Mittagszeit entzündet, fahre fort, zu tanzen und zu lachen, wenn die kühlen Winde der Nacht sich um die Nöte ihrer Brüder und Schwestern kümmern, die in der Hitze des Tages gefangen waren.

Bruder, möge das Wissen deinen Weg begleiten, daß das Licht des Selbst sogar in der Dunkelheit der Nacht weiterscheint. Um es zu empfangen, brauchst du nur dein Herz und deine Augen zu öffnen.«

Und als diese Worte ihn umgaben, wandte sich Joshua um und setzte seinen Weg durch das Tal fort. Er ging ruhig und friedvoll inmitten der Dunkelheit, denn seine Seele leuchtete voller Sternenschein, und seine Augen funkelten voller Licht. Und so schien er voll dieser neuentdeckten Liebe zur Nacht dahinzuschweben.

An einem anderen Morgen, als Almustafa und ich vom Marktplatz zurückkehrten, wartete Sarah auf uns. Sie leuchtete, als die Strahlen der Sonne sich über sie ergossen und reichte uns ihre Hände, damit wir beim Aufstehen behilflich sein konnten; woraufhin sie uns zärtlich und lächelnd umarmte und sprach:

»Die Zeit für das kleine Wesen in mir ist gekommen, in diese Welt geboren zu werden.«

Während ich den Platz für die Geburt bereitete, kniete Almustafa vor ihr und sprach zu ihr mit sanfter Stimme:

»Schwester, öffne dein Herz, tanze in dem Rhythmus, der jetzt in dir singt. Ja, gib dich ihm völlig hin, denn dieser Rhythmus ist nichts anderes als der Tanz des Lebens deines Kindes.

Sarah, tanze mit deinem Kind, und der Rhythmus wird dich öffnen, denn die Bewegungen des Kindes in dir tun nichts anderes, als das, was du ohne Kind bist, zu vervollständigen. Und so soll es sein, denn nun werdet ihr das Fest der Geburt gemeinsam feiern.

Öffne dich dem Rhythmus der Wogen, vertraue dich der Ekstase des Tanzes an.«

»Der Augenblick, in dem das Kind die Gebärmutter verläßt, um schließlich in deinen wartenden Armen zu liegen, geht ein in die Ewigkeit.

Und dennoch solltest du verstehen, daß das Kind bei der Geburt von nichts anderem getragen wird als von der *Mutter des Lebens* selbst, die es von einer Brust zur anderen reicht. Strecke deine Arme aus, meine Schwester, daß du den Atem des Lebens tief in dir empfangen kannst und dich bereitest für die Ankunft des Kindes, diesen heiligen Stern aus den Tiefen des Alls, der eben jetzt zwischen den Himmeln aufsteigt, um in deine zitternden Arme zu fallen.

Sarah, lasse dich vom Geist tragen und stärken, denn das Kind in dir zittert und sucht nach Befreiung.

Fürchte nicht, dein Herz und deine Seele wie deine Augen zu öffnen, damit du alles um dich herum wahrnimmst, denn du gebärst ein wunderbares Leben.«

Als sie diese Worte vernahm, streckte Sarah die Arme aus, um den Atem des Lebens bis in ihre Gebärmutter dringen zu lassen. So bereiteten Almustafa und ich uns darauf vor, das Kind in die Welt der Erde und der Luft zu bringen. Dann, während wir noch unsere Vorbereitungen trafen, zeigte sich schon sein kleiner Kopf in unseren wartenden Händen. Und so begleiteten wir es in diese Welt.

Während er das Kind zärtlich an Sarahs Herz drückte, sprach Almustafa voller Liebe zu ihr:

»Sarah, freue dich über die Geburt dieses wunderschönen Mädchens, der Himmel selbst schmückt ihren Tanz in majestätischem Wunder. Viele Geschenke hält sie bereit für dich.

Aber sei gewahr, daß, obwohl du nun ihre Mutter bist und sie deine Tochter, keine von euch Forderungen an die andere stellen darf, nein, nicht einmal die der Liebe.

Denn mit Besitz hat der Akt der Geburt und das, was ihm folgt, nichts zu tun. Nur der Fluß des Lebens bewegt sich fort, und in diesem Flusse ist es die Liebe, die strömt und immerdar eine vollkommenere Einheit mit sich selbst sucht.«

»Und dennoch, Schwester, diese Einheit wird dich auf Erden besuchen und du wirst ihre Gegenwart spüren, wenn du die süße Gemeinschaft der Familie erfahren wirst.

Läßt du dann die Bedeutung des Wortes Familie, das ihm die Menschen verliehen, weit hinter dir, dann wirst du erkennen, daß die Familie viel mehr ist als das Zusammensein eines Geschlechtes oder eine aus Umständen und Bräuchen geborene Gemeinschaft: Die Familie ist die Verbindung liebender Herzen untereinander.

Ist diese Beziehung erst einmal wirklich verstanden, wird die gesamte Schöpfung in dem Licht erstrahlen, das aus den Tiefen des Alls emporstieg, um dein Herz zu entflammen. Und so, Sarah, wird das gesamte Universum von dieser Flamme verzehrt werden, und da wird nichts ohne Liebe verbleiben. Eben diese Liebe umgibt uns vor der Geburt und eben diese Liebe ist es, die unsere Leben erhält.«

»Denn obwohl du deine Kinder gebärst, werden sie aufs neue ins Universum geboren werden, so wie jeder Moment immer aufs neue geboren wird.

Und in dieser ewigen Wiedergeburt sind sie für immer von Liebe umgeben.

Wahrlich, so wie sie bei ihrer Ankunft den Tanz des Lebens tanzen, so werden sie durch alle Zeitalter tanzen. Denn sowie es ein anderer euch schon versprach, hat euer Leben kein Ende.«

»Versuche nicht, die Art und Weise des Tanzes deines Kindes zu verstehen oder zu überwachen, und sorge dich nicht, falls du die Musik, zu der es tanzt, nicht mehr vernimmst. Lasse Frieden in dein Herz einziehen und wisse, daß sie zur gleichen Musik tanzt, die auch dich bewegte, und daß ihre Schritte sich nur verändert haben, um dem Wesen des Tänzers besser zu folgen.

Und verzehre dich nicht vor Sorge, wenn der Tanz deines Kindes enden sollte, denn wisse, daß der Tanz des Lebens ohne jeden Zweifel auch dann weitergeht, wenn die Schritte des Tänzers verhallt sind.

Könntest du dieses ergründen, der Tanz selbst erfaßte dich und trüge dich weit hinter die Grenzen von Leben und Tod.«

»Denn du bist Licht, das von Licht aus dem Wesen des Lichtes geschaffen wurde, und alles, das du erschaffst, ist Licht.

Sogar im Akt des Gebärens, wenn das Kind aus der Gebärmutter heraus in die Sphäre dieser Welt kommt, ist es nichts anderes als Licht, das aus Licht ins Licht entspringt.«

An einem anderen Morgen, als Almustafa und ich im Säulengang des Tempels saßen und über seine Rückkehr sprachen, näherte sich uns ein Priester namens Jataz und bat Almustafa:

»Meister, ich möchte gerne mit dir sprechen!«

Almustafa erhob seine Hand, um Jataz zum Schweigen zu bringen:

»Ich werde mit allen sprechen, die zu mir kommen, aber nur als ein Bruder, denn nicht länger brauche ich den Klang des Namens Meister zu hören, um mich davon zu überzeugen, wer ich bin.

Ja, nicht länger sollten wir voneinander getrennt sein, vielmehr will ich mich an das Geburtsrecht erinnern, das uns allen gemeinsam ist.«

Jataz schwieg lange Zeit, als sei er bestürzt und versuchte, diese Worte zu verstehen. Dann sagte er:

»Gerne sähe ich uns als Brüder, und dennoch ist es nicht ein Wort, das uns dazu macht.«

Almustafa blickte auf, schaute in seine Augen und antwortete:

»Ich möchte nicht nur Bruder heißen, vielmehr möchte ich in jener Bruderschaft, die alle Namen übertrifft, empfangen werden. Denn jeder, der mich darin willkommen heißt, wird die Wahrheit unserer Verbindung verstehen.

Jataz, könntest du mich so empfangen, wüßtest du in der Tat, daß wir Brüder sind. Denn sind wir nicht beide Kinder des Lebens, sind wir nicht beide aus derselben Gebärmutter der Liebe geboren und aus demselben Licht erschaffen?«

Als er diese Worte hörte, erhob sich der Priester, als wolle er gehen, aber stattdessen wandte er sich uns zu und sagte:

»Bruder, erst seit kurzem wissen wir von deiner Rückkehr. Und so wurde ich geschickt, um dich zu suchen und zu bitten, unserem »Tag der Fülle«, der erklärt wurde, um den überreichlichen Ertrag unserer Felder in diesem Jahr zu feiern, beizuwohnen.

Es werden jene unseres Tempels da sein, die von weither kommen und Geschenke für alle bringen, und obwohl deine Worte seltsam klingen, wünschen sich einige, daß du kommst, um zu unseren Gästen zu sprechen.«

Almustafa antwortete ihm:

»Sage mir, Jataz, welcher deiner Gläubigen war so weise, die Tage zu unterteilen, so daß einige Tage heiliger sind als andere?

Handelt es sich um einen Scherz, oder denken sie wirklich, daß sie zur *Einheit des Augenblicks* hinzuzählen oder davon abziehen können? Verstehen sie die Wahrheit ihres Glaubens nicht?

Sie tun nichts anderes, als allen anderen Tagen das abzuziehen, das sie ihren wenigen Feiertagen hinzufügen. Nein, Bruder, ich werde nicht kommen. Denn wenn dieses Gerede von Heiligkeit und Feier nicht endet, wird keiner von euch je wissen, was diese Worte wirklich bedeuten.

Wahrlich, solange einer einen Tag segnet und einen anderen verdammt, versteht er nichts von der Wahrheit der Tage. Denn er versteht nicht, daß alle Tage wie ein Tag sind, sowie alle Augenblicke vereint sind, und das ganze Leben in einem Herzschlag vibriert.«

»Das Leben ist immerdar EINES, Jataz, es kennt keine der Einteilungen, die die Menschheit vorgenommen hat, noch kann es getrennt werden, denn es ist nur die Menschheit, die sich teilt und somit die vielen Geschenke des Lebens ausschlägt. Gebt alle acht auf eure trennenden Taten, damit sie euer Sein nicht in zwei aufspalten, und ihr so eure Fähigkeit verliert, als eine Einheit zu handeln. Verändert die trennenden Taten stattdessen in Taten der Einheit, so daß die Erde immerdar das zärtliche Streicheln von nackten Füßen auf ihrem Gras verspürt.

Und lasset nichts außer Liebe in jener Berührung sein. Die Liebe wird das Gras überdauern, und sogar die Erde selbst wird ins All verstreut werden.«

Jataz sprach und seine Augen flackerten voller Furcht:

»Bruder, halte inne, damit du nicht zu weit gehst, denn ich wurde angewiesen, Worte wie diese hier zu berichten. Und ich fürchte das Ergebnis, wenn bestimmte Menschen deine Gedanken erfahren.«

Almustafa antwortete ihm:

»Nein ich fürchte mich nicht vor ihnen. Denn ich habe von Beginn an nichts als die Wahrheit gesagt, und ich werde bis zuletzt nichts als eben diese Wahrheit sprechen.

Es gibt keine Entfernung, die ich nicht zurücklegen würde, um mit denen, die ich liebe, die Wahrheit zu teilen; es gibt keinen Raum, den ich nicht überbrücken würde, um Licht in die Dunkelheit zurückzubringen, und da ist kein Widerstand, den ich nicht erdulden würde, um das LEBEN in eine dürstende Seele zurückzurufen.«

Bei diesen Worten wandte sich Jataz um und stieg die Treppen hinunter, als ob ein starker Wind ihn vorantriebe. Als er uns verließ, war er voller Furcht und Verwirrung, denn sein Herz hatte die Wahrheit in den Worten Almustafas gefühlt, und dennoch konnte sein Bewußtsein nicht von dem Glauben lassen, der ihm als Priester vertraut war und der jetzt mit der Wahrheit kämpfte und ihr den Weg in sein Herz verstellte.

Almustafas Augen waren voller Traurigkeit, als er sich zu mir wandte und sagte:

»Muß es immer wieder geschehen, daß die Menschheit sich gegen den kommenden Tag rüstet? Wird es niemals einen Raum oder eine Zeit geben, da alle Menschen sich dem Leben jeden Augenblick überlassen, ganz so, wie es ihnen dienlich ist?

Dafür bete ich, und möge es bald so sein, denn nur dann wird die Menschheit voller Verständnis sein und den Wunsch haben, ihren Weg fortzusetzen.

Schwester, das LEBEN ist immerdar mit uns. Fortwährend gibt es, und fortwährend liebt es. Wird das genug sein für die, die versuchen, den Tag zu beherrschen?«

An einem Abend, als wir hoch in die Berge gestiegen waren, um die Erhabenheit der Höhe zu teilen, hielt Almustafa inne, um vom leise fallenden Schnee zu sprechen. Seine Stimme erfüllte die kalte Nacht mit warmer Musik, als er begann:

»Singt zu uns, unsere Kristall-Brüder und Schwestern!

Singt zu uns vom Leben in unserer Mutter, der See.

Küßt unsere Haut und werdet wieder zu Flüssigkeit, berührt unsere Hände, so daß wir an dieser freudigen Wiedervereinigung Anteil haben, denn auch wir entstammen den Meeren. Und noch immer legen wir durch den Rhythmus, der sanft wie Ebbe und Flut in uns strömt, von dieser Einheit Zeugnis ab.

Singt uns von euren himmlischen Reisen,

salbt unsere Häupter, damit wir diese heilige Nacht mit euch teilen.

So freundlich und voller Liebe ist unsere Mutter, daß sie euch hierher schickte, um zu ruhen und auf diesem gefrorenen Boden zu schlafen, um so auf die Hitze des Sommers zu warten. Dann ruft sie euch in ihre Arme zurück und bittet euch, von euch zu geben, um den Durst aller zu stillen, die euch auf eurem Weg begegnen.«

»Ja, so barmherzig ist unsere Mutter, die See, und so unermüdlich in ihrem Dienst, daß sie soviel gibt und fortfährt zu geben, bis der Durst aller gestillt ist.«

»Und dennoch soll es so sein, denn unsere Mutter ist unbegrenzt in ihrem Erbarmen, und so kann sie nicht zufrieden sein, den Durst eines ihrer Kinder zu stillen, während ein anderes noch nach ihr verlangt. Und so, Almitra, bemitleide die Söhne und Töchter, die sich von ihrer Mutter abwenden, denn damit setzen sie der Welt ein Ende, die sie so liebevoll für sie bereitete.«

Daraufhin nahm Almustafa meine Hand und führte mich durch die Nacht. Es dauerte nicht lange, bis wir vor dem Eingang einer kleinen Hütte standen, die sich eng an die Bäume schmiegte und die Reisenden in der Nacht erwartete.

Almustafa öffnete den Riegel über der Tür und sagte zu mir:

»Schwester, gehe hinein und bereite dir ein Lager für die Nacht. Ich möchte noch eine Weile hier draußen im Schnee verweilen, aber du bist ermüdet und mußt unbedingt ruhen, und es erfreute mich, wenn du hineingingst und schlafen würdest.«

Ich wußte, daß er die Wahrheit sprach, schaute in seine Augen und berührte zart seine Hand, dann betrat ich die Frieden ausströmende Herberge.

Als ich am Morgen erwachte, fand ich mich so allein wie beim Einschlafen, und so verließ ich die Hütte, um nach Almustafa zu suchen. Dichter Schneefall schränkte meine Sicht ein, dennoch fand ich ihn nach kurzer Zeit. Schneebedeckt stand er vollkommen still und gab keinen Laut von sich, als ich mich ihm näherte. Mein Herz erinnerte sich an das Freundliche, das er über den Schnee gesagt hatte, und dennoch schrie meine Seele vor Furcht um sein Leben.

Als ich den Schnee von seinem Gesicht wischte, erschreckte er mich mit seinen Worten, denn ich hatte gedacht, er wäre erfroren und unfähig, sich zu bewegen.

Vielmehr erhob er seine Hand und sprach:

»Nein, Almitra, entferne diese glänzenden Kristalle nicht, denn sie besänftigen und erfrischen mich mit ihrer reinen weißen Farbe.

Sind nicht alle Farben in ihrem Licht verborgen? Ja, und so tauchen sie mich in die Fülle des Regenbogens.

Und so, wie sie mich erfrischen, so werden sie die Erde erquicken, wenn die Zeit dafür gekommen ist.«

»Das Meer ist uns in seinem Verständnis unserer Nöte und der Nöte der Erde weit überlegen. Wie eine flüssige Liebe ist das Leben der Erde, sie erneuert sich immerdar und begleitet eine jede Jahreszeit, wenn ihre Zeit kommt, den königlichen Palast des SEINS zu betreten.

Und so ist es auch hier, denn diese Kristalle sind nichts anderes als das sanfte Wasser der

Ozeane. Sie tanzen sehr langsam, so daß sie die Flüssigkeit aufbewahren, bis sie gebraucht wird.

Dennoch, Schwester, es gibt ein Feuer, das sogar im Inneren des Schnees weiterbrennt, und das mich warm erhält. Könntest du dieses gefrorene Weiß einen Augenblick lang vergessen, so fühltest du sicherlich die Wärme jenes Feuers.«

»Da alles Leben vereint ist und von einem einzigen Herzen ernährt wird, gibt es ebenso nur ein Licht, das die ganze Schöpfung erleuchtet.

Und mit diesem *größeren Licht* vereint, kann ich da meinen Weg in allen Bereichen des Lebens nicht finden, welche in Wahrheit nichts anderes sind, als die unterschiedlichen Bereiche meines eigenen Selbst?

Und kann ich so nicht das Feuer, das immerdar in diesen kristallinen Teilchen unserer Meeresmutter brennt, umarmen und in der Berührung dieses Feuers bis zu den tropischen Inseln jener anderen Welt fliegen?

Wahrlich, Almitra, sogar der Raum stellt kein Hindernis dar, denn in Wahrheit sind alle Welten eine Welt, so wie alle Dinge des Lebens vereint sind.

Könntest du nur dich selbst und alle Dinge des Lebens als ein Leben mit ungeteilter Liebe umfangen, dann würdest du dich als eins mit allem Leben erkennen, ewig ungeteilt und ewig unteilbar.

Liebe ist der Schlüssel zur Tür des Lebens, Almitra, und bist du erst einmal durch diese Tür gegangen, so ist das ganze Haus des Lebens von Liebe erfüllt.

Könnten wir nur diese eine Tür öffnen, so öffneten sich alle anderen Türen immerdar für uns.«

An einem anderen Abend, da wir zurück in die Stadt reisten, hielten wir auf unserem Weg an, um zu rasten und unser Abendmahl einzunehmen.

Ich saß und schwieg, um meinem müden Körper Linderung zu verschaffen, ehe ich aß, während Almustafa Holz für das Feuer sammelte.

Und als er genügend beisammen hatte, wandte er sich mir zu und sprach:

»Schwester, öffne deine Augen, denn ich möchte mit dir das Wunder dieses Anblicks teilen. Siehe, Almitra, es ist wundersam und heilig, denn obwohl alle Menschen das Feuer kennen, verbirgt es dennoch sein heiliges Mysterium sogar jetzt, wenn es die Dunkelheit erhellt.

Es gibt in der Tat wenige, die die Wahrheit

des Feuers verstehen, und es ist diese besondere Wahrheit, die ich suche, um sie mit dir jetzt zu teilen.«

In diesem Augenblick schlug er einen Funken aus den Steinen in seinen Händen und ließ ihn auf das Holz zu seinen Füßen überspringen, und nachdem er das Holz so entzündet hatte, fuhr er fort zu sprechen:

»Schwester, sagte ich dir nicht, daß alles Leben nichts als Licht ist? Licht schwingt in verschiedenen Geschwindigkeiten, und so erscheint es in verschiedenen Formen.

Und sagte ich nicht ebenfalls, daß in jedem Teilchen des Lichtes eine Sonne strahlt, und es eben diese Sonne ist, die das Licht erschafft?

Und so, Almitra, ist es eben jetzt. Denn ich schlug diese Steine in meinen Händen so aneinander, daß ich ein Teilchen des Lichtes aus ihnen hervorrief und es veranlaßte, das Feuer seiner Sonne zu teilen.«

»So fliegt die Sonne, die wir als Funken sehen, in das Holz. Und sie bittet das Holz mit ihrem Gesang der wirbelnden Schwingungen, die gefangennehmende Langsamkeit der

Erde für immer zu verlassen und in den ekstatischen Tanz des Lichtes einzutreten.

Das Holz ist entfacht, bezaubert von diesem Gesang und so, beseelt von dem Funken, wird es lebendig, erhebt sich von der Erde und steigt auf in die luftige Ausdehnung des Himmels. Es steigt auf, sein Lebensstrom beschleunigt sich, bis es die Sonnenkräfte in ihm selbst nicht länger zurückhalten kann, so schwingen sie sich als Flammen empor, unsere Nacht zu erleuchten.

Die Sonne innerhalb des Steines vereinte sich mit ihren verwandten Sonnen im Holz, und mit großer Freude treffen sie sich, um gemeinsam den Tanz der Einheit zu tanzen.«

»Und ist es nicht so, daß drei augenscheinlich verschiedene Dinge ihr gemeinsames Wesen offenbaren? Ja, sind nicht der Funke, das Holz und die Flamme einem einzigen Stück vergleichbar, das auf drei Bühnen gegeben wird und dem Zuschauer nichts als ein gemeinsames Thema enthüllt?

Dennoch, Almitra, so wie der Funke sind alle Propheten, die jemals der Menschheit dienten. Denn kamen diese nicht auch mit ihren beseligenden Liedern und riefen alle Männer und Frauen dazu auf, die Beschränkung ihres kleineren Selbst zu verlassen und zu der grenzenlosen Ausdehnung des allumfassenden Wesens aufzusteigen?

Denn wahrlich, dort werden sie erkennen, daß alle ihre Brüder und Schwestern der Erde Geschöpfe dieses Wesens sind. Und ebendort werden sie zusammenkommen, um diese Einheit zu feiern.«

»Die Propheten haben nichts anderes versucht, als die ganze Menschheit miteinander zu verbinden und haben sie aufgefordert, die einzige Schöpfung, die das Leben ist, zu erfahren und hochzuschätzen.

Daran sollen wir uns immer erinnern, denn wegen der Art unseres Wesens und des ewigen Geschenks des freien Willens, muß jeder allein den Ruf der Propheten empfangen, und unsere Antwort muß ebenso persönlich sein.

Denn es ist so, wie die Propheten vorausgesagt haben, im Moment, da wir wieder zur Einheit finden, stehen wir wahrhaftig allein vor unserem Schöpfer.

Und da alle Dinge der Schöpfung antworten müssen, Almitra, so müssen auch wir antworten. So laß uns unsere Seelen mit dieser Flamme verschmelzen, die eben jetzt auf dem Holz tanzt und unsere Nacht erleuchtet.

Und laß uns unsere Herzen freigeben in die liebende Fürsorge des jeweils anderen, und laß uns im Licht tanzen und die Musik und die Freude über unsere Einheit miteinander teilen.«

Nachdem wir vier Tage in den Bergen verbracht hatten, kehrten wir am Abend des Feiertages zurück.

Und als wir die Tempelhalle betraten, bat uns eine Stimme aus dem Schatten:

»Bruder, ich möchte mit dir sprechen!«

Almustafa wandte sich Jataz zu, hielt eine Lampe vor sein Gesicht und sagte:

»Ja, und ich möchte gerne deinen Worten lauschen.«

Als er diese Worte vernahm, trat Sanftheit in die Züge von Jataz, und er sagte:

»Almustafa, ich bin gekommen, um deine Worte besser verstehen zu lernen, denn in der Tiefe meines Seins hallten sie wider, seitdem wir uns trafen, und ich möchte gerne so wie du an sie glauben. Ich habe dich hier erwartet, um dich zu bitten, an meinem Tisch Platz zu nehmen und hoffe, daß wir die Früchte des Lernens ebenso teilen mögen wie die Früchte meiner Felder.

Und sorge dich nicht, denn ich ehre deine Entscheidung, morgen nicht zu erscheinen. Ich bitte dich allein an diesem Abend um deine Anwesenheit.«

Almustafa antwortete ihm und sprach:

»Ja, Jataz, ich werde mit dir zu Abend essen und mehr von dem Licht erzählen, das meine Seele erfüllt und von der Liebe, die meinem Herzen entströmt.

Denn ich werde dir das klare Verständnis der Worte, die ich sprach, nicht verweigern. Und vielleicht werden auch die, die um dich sind, durch dein Begreifen verstehen.«

»Laß uns beten, daß es so sein möge, denn nur so können wir unsere Bruderschaft annehmen und die Mauern unserer scheinbar unterschiedlichen Herkunft hinter uns zurücklassen.«

Während Jataz darüber nachsann, wandte sich Almustafa mir zu und sprach:

»Schwester, sorge dich nicht, immerdar müssen wir das Geschenk des Lebens annehmen und immerdar müssen wir uns an das Wesen dieses Geschenks erinnern: Daß jedes Korn des Lebens durch das Ganze der Schöpfung sich ewig wandelt, um für immer das Licht, das es enthält, freizugeben. Und so beseelt sich das Leben ohne Licht ebenso. Vergiß nicht, Almitra, das Leben ist eines, und es strömt immerzu als eines.

Obwohl uns jemand einen Moment lang Leid zufügen mag, müssen wir unser Herz erweitern, um solches Handeln zu vergeben und uns dahin entwickeln, eben diese Hand vielleicht im folgenden Moment in Liebe zu empfangen.

Denn alle Dinge des Lebens wachsen ewiglich, und es gibt nichts in diesem Wachstum, außer dem Streben vom Dunkel ins Licht, von Furcht in Liebe.

Und wenn diese Entwicklung sich uns zeigt, müssen wir sie mit Liebe unterstützen, so wie andere unser Wachstum mit eben dieser Liebe nährten.

So werden wir alle gemeinsam zur Sonne hinaufsteigen und die Wunder unseres Ursprungs erkennen und begreifen, daß das ganze Leben als eines geschaffen wurde, und ein jeder von uns diese Einheit in dem Maße bekundet, in dem Mitleid sein Herz regiert.«

Mit diesen Worten berührte er zart mein Gesicht und wandte sich zu Jataz, und still verließen sie den Tempel.

Bis weit in die Nacht hinein speisten sie und labten sich an den Früchten der Felder und an den Weinen. Aufmerksam hörte Jataz Almustafa zu, als dieser vom LEBEN und seiner Einheit sprach – und von der Liebe, die von allen offenbart werden muß, die diese Einheit in ihren Herzen und in ihrem Leben empfangen wollen.

Viele Worte waren gesprochen worden, als Jataz plötzlich aufsprang und ausrief:

»Es war falsch von mir, schlecht über dich zu denken. Und noch schlechter war es, daß ich versuchte, dir Schaden zuzufügen.

Komm, wir müssen gehen, bevor die kommen, die dir schaden und dich in der Nacht verschleppen wollen.«

Almustafa bat ihn:

»Sprich weiter, Jataz, erkläre deine Worte!«

So fuhr Jataz fort:

»Nachdem wir das letzte Mal zusammen gesprochen hatten, war ich von Angst erfüllt, denn deine Worte verwirrten und erstaunten mich gleichermaßen. Und so sprach ich mit den Tempelältesten und wiederholte vor ihnen alles, was du mir gesagt hattest, und auch in ihren Herzen erwachte die Furcht.«

»So hießen sie mich, dich hier unter dem Vorwand herzubringen, daß ich deine Worte besser verstehen wolle, aber in Wahrheit geht es nur darum, daß sie dich zu fangen trachten.

Denn sie gaben mir eine Flasche Wein, in den sie eine Arznei mischten, und von diesem Wein sollte ich dich trinken lassen, woraufhin du in tiefen Schlaf sinken würdest. Und so würden sie kommen und dich fortschleppen.

Sie wollen dich hinter den Mauern des Gefängnisses verbergen, aber lediglich für einige Tage, denn sie fürchten dich und haben weder den Mut, noch den Willen, dir wirklich ein Leid anzutun.

Es geht nur darum, dich an dem Heiligen Tag zum Schweigen zu bringen, denn sie glauben nicht daran, daß du morgen nicht kommst und denken wahrhaftig, du würdest erscheinen, um gegen sie und ihre Gäste zu sprechen.

Und so habe ich diesen Wein bis zuletzt aufgehoben, denn als du am heutigen Abend zu mir sprachst, da verschwand meine Angst und damit auch mein Wunsch, ihr Vorhaben auszuführen. Vergib mir, Bruder, das Schlechte, das ich dir angetan habe. Unter allen Menschen verdienst du als letzter etwas Böses.«

Almustafa betrachtete ihn einen Augenblick und sagte:

»Immer schon war es so, Jataz, daß es die Furcht ist, die einen dazu treibt zu denken, jemand bedürfe des Schlechten. Denn sind die Augen erst einmal von Licht erfüllt und so befähigt, das Licht zu sehen, erkennen sie die Wahrheit, daß nämlich alle Dinge des Lebens nichts außer Liebe verdienen.

Wir sollten uns vorstellen, wir seien Gärtner in diesem heiligen Garten. Wir müssen mit Liebe pflanzen und mit Liebe hegen und pflegen, und wenn das Leben uns dazu auffordert, werden wir mit Liebe jäten.

Und schließlich, wenn auch alles andere getan ist, werden wir ernten und unsere Früchte mit Liebe genießen. Und so ist in Wahrheit nichts anderes als Liebe in unserer Gartenarbeit.

Bruder, das Leben braucht viel mehr als die Früchte auf dem Feld, um erhalten zu werden, denn das Leben kann nur durch die Liebe leben.

Siehe, Jataz, mit eben dieser Liebe bin ich gekommen, und ebenso werde ich mit dieser Liebe bleiben. Bringe den Wein, der in seinem Kuß den Schlaf verbirgt, und fürchte dich nicht.

Denn die, die kommen werden, handeln nur so, um mich zu einem zu begleiten, der laut nach mir ruft, und ich nähme alle Arten von Leid auf mich, um an seiner Seite zu sitzen.«

So brachte Jataz den Wein voller Bedenken und Bestürzung. Schweigend füllten sie ihre Gläser mit dem Wein und tranken, bis der letzte Tropfen den Weg zwischen ihren Lippen gefunden hatte, und ihre Gesichter hochrot gefärbt waren.

Und als die Arznei zu wirken begann und sich ihre Köpfe senkten, wandte sich Almustafa zu Jataz und sagte zu ihm:

»Schlafe in Frieden, mein Bruder, und beunruhige dich nicht dadurch, daß du etwas verheimlichen wolltest, und beschwere dein Herz nicht mit der Schuld des Betruges, denn wahrlich, ich sage dir, daß du nichts an diesem Abend verheimlicht hast und mich niemals betrogen hast.

Der einzige Betrug im Leben ist die Angst. Mit der Angst schnitzen wir die Maske des Todes und legen sie auf unser Gesicht, und ebenso geben wir mit dieser Angst unseren Henkern den Dolch unseres eigenen Todes.

Diese Angst ist der Dieb, der unsere Leben plündert. Und dennoch, sogar die Furcht kann dort nicht eintreten, wo ihr kein Einlaß gewährt wird.

Und da mir an diesem Abend keine Furcht begegnet ist, wird mir ebenso auch kein Übel begegnen. Wenn du deine Augen nur noch einmal öffnetest, könntest du ein Lächeln auf meinem Gesicht sehen, das vom Kuß der Trauben ebenso tief verfärbt ist wie das deine.

Denn teilten wir nicht diesen Wein wahrhaft brüderlich und in Erinnerung an die Tage unserer Jugend, all das vergessend, das gekommen sein mag, um vorüberzugehen?

Und waren wir nicht untrennbar vereint im Geiste, überantworteten wir uns nicht dem ewigen Feuer der Liebe und überwanden wir nicht alle Unterschiede und Entfernungen, die sich seit den Tagen unserer Vergeßlichkeit eingestellt hatten?

Ja, Jataz, dieses und mehr taten wir. Und als wir es taten, da führte es uns näher an unser höheres Selbst heran. So schlafe in Frieden und wisse, daß das Leben immerdar bei uns ist, und es immerdar für unser Wohlergehen sorgt und uns von allem Leid erlöst.«

Mit diesen Worten, die sich ins Schweigen verloren, senkten beide Männer ihre Köpfe und sanken in tiefen Schlaf. Und so schliefen sie, als die Priester unter dem Deckmantel der Nacht kamen, um Jataz ins Bett und Almustafa ins Gefängnis zu bringen.

Almustafa erwachte in völliger Dunkelheit, und dennoch blieb er vollkommen gelassen. Während er still dasaß, umhüllte ihn die Klarheit seines Zieles.

Und so bat er sein Herz voller Liebe, Licht vor seinen Augen entstehen zu lassen:

»Licht des Lichtes in meinem Herzen, erhelle diesen Raum, der mich umgibt. Gib von deinem Glanze, meine Augen zu führen, denn sie sind blind in dieser Dunkelheit.

Ja, meine Geliebte, ströme deine Liebe aus und lasse das Licht erscheinen!«

Und so geschah es, daß eine leuchtende Lichtkugel Almustafa umgab und ihm erlaubte, die Zelle zu betrachten.

Und voll tiefer Liebe begab er sich zu einem Mann, der nahebei lag. Näher an ihn herantretend, entdeckte Almustafa, daß es

Nicodemus war, ein Kaufmann, den er schon als Junge gekannt hatte. Dieses Wiedererkennen war mit Dankbarkeit dafür verbunden, daß er denjenigen gefunden hatte, den er suchte, und so weckte er den schlafenden Mann mit den Worten:

»Ich grüße dich, Nicodemus, mein Bruder der vergessenen Tage. Frieden sei mit dir!«

Noch schlaftrunken wandte Nicodemus sich Almustafa zu und sagte:

»Ja, Nicodemus ist mein Name, und lange hungerte ich danach, den freundlich ausgesprochenen Klang dieses Wortes zu hören.

Aber warte einen Moment: Träume ich? Sind diese Worte von dieser Welt? Wer ist es, der so zu mir aus der Dunkelheit spricht?«

Almustafa antwortete ihm:

»Ich bin es, Almustafa, dein Bruder aus lang vergangenen Tagen. Erinnerst du dich nicht mehr an mich? Ich war der Junge, der zu dir kam, als wir auf dem Marktplatz standen und von den heiligen Dingen in deinem Herzen und deiner Seele sprach.«

Lange Zeit schwieg Nicodemus, dann sagte er voller Freude:

»Vergib mir, Almustafa, daß meine Augen mir nicht mehr dienlich sind. Aber ja, ich erinnere mich gut an dich. Und diese Erinnerung ist wie Sonnenlicht, das meine Dunkelheit plötzlich erleuchtet und wie Lachen, das mein Herz erquickt.

Was für eine Art Mensch brachte es fertig, dich in diese Zelle zu sperren? Hat sich dein sanftes Wesen verändert, und hast du so diese Strafe auf dich gezogen?

Almustafa ergriff seine Hand und antwortete:

»Nein, Bruder, ich habe mich nicht verändert, seitdem wir uns das letzte Mal trafen. Und in Wahrheit hat mich kein Mensch hier gefangen, obwohl es einige gibt, die glauben, es getan zu haben.

Ich gab mich selbst in die Hände derjenigen, die mich zu dir brachten, denn obwohl ich den Namen desjenigen, der mich rief, nicht kannte, kenne ich ihn jetzt. Und so sitze ich neben dir.

Diejenigen, die mich einsperrten, halten sich für Priester, aber sie sind es nicht. Denn die wahren Priester erscheinen in Licht gehüllt und zeugen durch die Liebe in ihren Herzen von der Einheit des Lebens und der damit verbundenen Freiheit. Aber diese, die sich Priester nennen, wissen nichts von Freiheit, noch wollen sie, daß irgend jemand frei ist. Stattdessen suchen sie alle diejenigen einzusperren, die vor sie hintreten und Freiheit verlangen.

Nicodemus, ich sage dir, nicht beanspruchte Freiheit ist in der Tat ein Gefängnis, und ungefühlte Liebe ist in der Tat Furcht.

Diese Männer, die sich in ihren goldenen Roben zur Schau stellen, tun das, um die Menschen mit den Zeichen irdischen Reichtums in Staunen zu versetzen.

Ein Bettler, der sich in nichts anderes als zusammengesammelte Lumpen hüllt, spricht eher die Wahrheit als diese. Sie kommen aus dem Dunkel und behaupten, sie kämen vom Licht.

Bruder, sie kommen nicht aus der Liebe, es sei denn der Liebe zur Macht, und sie kommen nicht aus dem Licht, es sei denn aus jenem Licht, das das Licht des von ihnen gehorteten Goldes widerspiegelt.«

»Sie sprechen ihre verschlagenen Worte und sagen allen, daß sie von Gott sprechen. Wahrlich, dennoch spielen sie nur mit den Worten unserer Vorfahren und weben ein Netz, in dem sie alle Dinge des Lebens fangen wollen.

Aber in Wirklichkeit, Bruder, geht das Leben über Raum und Zeit weit hinaus, und es gibt keine Falle, in der auch nur der winzigste Teil des Lebens gefangengehalten werden könnte.

Sogar die, welche die Furcht von der ihnen unbekannten Einheit predigen, würden im Lichte des Heiligen Lichtes erstrahlen, könnten sie nur ihre Herzen der Schönheit der Liebe öffnen.«

»Ja, Nicodemus, könntest du nur die *Wahrheit des Lebens* erfassen, es gäbe keine Art von Gefängnis, das dich zurückhalten könnte.

Denn ich sage dir, daß du, obwohl du gefangen bist, in Wahrheit vor dem *Angesicht des Unendlichen* frei bleibst. Könntest du dir nur dieser Freiheit in der Mitte deines Seins bewußt sein, jedes deiner Gefängnisse stürzte ein. Viele finden sich mit ihrer Gefangenschaft ab, und nur wenige erkennen, daß eben dieses Abfinden selbst ihr einziges Gefängnis ist.

Bruder, immerdar reicht uns das Leben den Schlüssel der Befreiung, und um den Schlüssel in Empfang nehmen zu können, brauchst du nichts anderes zu tun, als dich dem Leben selbst anzuvertrauen.

Komm, stelle dich neben mich und erfreue dich mit mir an der Schönheit und an dem Licht der Morgensonne!«

Nicodemus antwortete ihm:

»Almustafa, treibst du Scherze mit einem alten Mann? Sagte ich nicht, daß meine Augen sich dieser Welt für immer verschlossen haben? Und sind wir nicht außerdem hinter diesen Mauern gefangen und vom Licht des Tages getrennt?«

Almustafa umarmte ihn voller Mitleid und antwortete:

»Nein, Bruder, ich scherze nicht mit dir. Ja, in dieser Zelle sind wir vom Licht des Tages abgeschnitten, aber das größere Licht, das Licht Gottes, hat uns nicht verlassen. Denn es ist eben dieses Licht, das die Zelle erhellte und mir das Geschenk machte, dein Gesicht betrachten zu können. Und ebenso erfüllt diese Leuchtkraft nun mein Herz und bittet die Steine, die uns umgeben, uns zurück in das Licht des Tages zu entlassen.«

»Nicodemus, diese Zelle ist nicht unser Gefängnis. Denn welches der vielen Wesen auf dieser Erde kann auch nur den kleinsten Teil der Heiligkeit des Lebens verneinen oder das heilige Geschenk der Freiheit, das das Leben uns ewiglich gewährt, zurückfordern?

Wahrhaftig, das ist nicht möglich, denn wir sind *göttliches Leben*, und die letzte Entscheidung bleibt ewiglich uns selbst vorbehalten, jede Erfahrung, die wir machen mögen, anzunehmen oder abzulehnen.«

Nicodemus bat Almustafa mit vor Ehrfurcht bebender Stimme:

»Almustafa, was für ein Mensch bist du? Lange lebte ich auf dieser Erde, und dennoch traf ich niemanden außer dir, der so vom Leben spräche. Willst du einem alten Manne sagen, welche Quelle dir deine Weisheit schenkte?«

Und Almustafa antwortete ihm:

»Ich bin nur ein Mensch, der Hand in Hand mit dem LEBEN geht. Und so empfing ich meine Weisheit direkt aus der einen Quelle des Lebens. Denn was ist es anderes, weise zu werden, als den Spiegel der Seele blankzureiben, so daß du darin deine eigenen göttlichen Gesichtszüge erkennen kannst?

Und so, Nicodemus, trage ich mein Menschsein wie eine Krone, während andere ihres verachten, als sei es ein Totenhemd.

Dennoch singt das Leben in uns allen, in mir ein glühendes Lied für meine Geliebte, und in anderen ein Lied von gefrorener Furcht vor dem großen Unbekannten.

Ich freute mich, wenn jeder Mann und jede Frau die *Krone des Lebens* empfinge und wenn sie ihre Leichentücher dem Wind zurückgäben, damit sie noch einmal als Staub zur Erde zurückkehrten.

Dann wären alle frei, die Liebe des Lebens zu empfangen und die ewige Furcht vor dem Übel, das ihrer Meinung nach das Leben ihnen antun will, hinter sich zu lassen.«

Almustafa hielt eine Weile inne und schaute tief in Nicodemus' Augen. Dann fuhr er fort:

»Komm, Nicodemus, laß uns aus dem Licht, das in dieser Zelle ist, eine Krone formen, die du tragen kannst. Denn deine Augen sind nur blind für die Dunkelheit dieser Welt, und sie werden sich mit Freuden wieder öffnen, wenn sie mit Licht erfüllt sind. Lasse diese Worte dein Herz mit dem Licht der Liebe erfüllen und öffne deine Augen für das Licht des Tages.

Und laß uns unsere Seelen von allem befreien außer dem Gedenken an unseren ruhmreichen Herrn, und laß uns ein Lied für ihn singen: Herr, bevor alles andere erschaffen wurde, standest DU allein. Formlos warst DU und wurdest vom HEILIGEN ATEM erhalten.

Ja, DU warst wie die aufgehende Sonne und strahltest in DEINER Bloßheit.

Und dennoch, diese Bloßheit enthielt DEINE Freiheit, DIR jede mögliche Form zu erwählen.

Und so, Herr, tragen DEINE liebenden Hände, für manche unsichtbar, schweigend alles andere: Lebendes, Totes und sogar noch Ungeborenes.

Und DEIN Gesicht, Herr, lächelt friedvoll in allen Gesichtern, während DEIN kristallines Licht jede Dunkelheit erleuchtet und durch die Unendlichkeiten des Raumes flutet. Ja, da ist kein Platz, an dem DU nicht bist, kein Teil des Lebens, den DU nicht berührst.

Herr allen Lebens, DU bist das Licht.

Zu DIR bete ich nun – scheine für uns immerdar.«

Almustafa erhob seine Augen zu Nicodemus und stand in demütiger Freude, als er die Verwandlung seines Bruders bemerkte. Ein verborgenes Licht hatte Nicodemus umhüllt, und während es geschwind durch seinen Körper lief, wurde jedes Atom ins Licht getaucht. Während es sich mit dem Schlag seines Herzens und den Schwingungen seinen Seele vermischte, offenbarte es die Klarheit seiner Verwandlung. So beseelt stand er zitternd und sprach zum Herrn:

»Herr, ohne DICH bin ich nichts! DU erfüllst mein Sein!

Ich bin eine erloschene Lampe und überantworte mich DIR und DEINER Herrlichkeit. DU entfachst erneut meine Flamme!«

Es schien, daß sie eine Ewigkeit so standen und schwiegen und diese Worte durch den Raum schwingen ließen, bis ihr Echo aus jenem Schweigen, dem sie entstammten, zurückkehrte.

Und als sie von diesen feinen Schwingungen berührt wurden, frohlockten sie beide in ihren Herzen.

Voller Freude wandte Almustafa sich Nicodemus zu und umarmte ihn. Als er die Tränen in den Augen des alten Mannes sah, sprach er zu ihm:

»Willkommen, Nicodemus, willkommen im *Garten des Lebens*. Gepriesen sei der *Herr des Lebens*, denn es war SEINE strahlende Liebe, die dich mit ihrem majestätischen Licht umgab.

Es war SEINE Liebe, die durch die sternbedeckten Räume des unendlichen Universums flog und ein Wesen der Dunkelheit freudig in ein Wesen des Lichtes verwandelte.«

Nicodemus weinte vor Freude, und sogar durch seine Tränen hindurch sah er das Leuchten von Almustafas liebendem Antlitz, denn sein Herz hatte sich mit Liebe gefüllt, so wie seine Augen sich mit dem Licht erfüllt hatten.

Dann sprach Almustafa:

»Und nun, mein Bruder, laß uns gemeinsam die Steine in dieser Mauer anrufen, und laß uns Lieder für sie singen, so daß wir diese Zelle verlassen können.« Nicodemus betrachtete Almustafa mit Staunen und noch größerer Ehrfurcht und sprach:

»Rätst du mir wahrhaftig, zu diesen Steinen zu singen? Wären wir Steinmetze, könnten wir vielleicht ein Lied mit unseren Äxten singen, aber, Bruder, was können wir tun, da wir doch nichts als unsere Hände haben?«

Almustafa stand vor Nicodemus und antwortete voller Ruhe:

»In Wahrheit werden wir noch nicht einmal unsere Hände gebrauchen, denn diese Wand ist aus nichts anderem als aus Teilchen des Lichtes zusammengesetzt, die sich hier so langsam bewegen, als seien sie unbeweglich.

Aber sind sie erst einmal beseelt, was ich nun tun werde, werden sie ihre Härte verlieren, und dann werden wir durch sie hindurchgehen, so als ob wir durch Luft gingen.

Fürchte dich nicht, Bruder, öffne deine Seele und erinnere dich an diese Worte:

In der gesamten Schöpfung ist nichts, das dich einsperren oder dir Leid zufügen könnte, sobald du die Wahrheit der Schwingungen erkannt hast und somit den *Gesang des Lichtes* verstehst.«

»Ja, Nicodemus, in der Tat rate ich dir, diesen Steinen ein Lied zu singen, denn von diesen Liedern wird das ganze Leben geführt.

Licht, der ungenannte Name des *Herrn des Lebens*, sitzt auf dem Thron allen Seins und regiert die verschiedenen Sphären von Zeit und Raum mit einem Willen, der mächtig und geheimnisvoll ist.

In der gesamten Schöpfung wird niemand SEINE Schönheit erblicken, außer dem, der SEIN Reich des Lichtes betritt. Und es wird niemals eine andere Pforte in dieses Land führen als die *Pforte der Verzückung*.

Niemand wird IHM durch Gewalt oder List begegnen, und diejenigen, die IHN auf diese Art suchen, werden lange unter der Erde schlafen, ehe sie vor SEINEM Thron stehen.

Aber die, die demütig sind und ihr Sein voller Liebe mit dem Licht des Heiligen Geistes erfüllen, rufen den Herrn bei SEINEN vielen Namen.

Und ER wird ihnen antworten und ihnen geben, wessen sie bedürfen.

Ja, Nicodemus, und ER wird sich auch unseres Leides erbarmen, wenn ich IHN rufe. Denn ER ist es selbst, der in diesen Steinen sitzt und ER, der uns in das Licht des Tages hinausführen wird.«

Mit diesen Worten setzte sich Almustafa vor die Mauer und begann sein Lied, in dem er die Steine bat, ihre Schwingungen zu beseelen und damit die Trägheit der Erde abzuwerfen. Nicodemus war voller Verwunderung, denn obwohl das Lied, das Almustafa sang, stumm war, rief es tatsächlich eine Bewegung der Steine hervor.

Alsbald begann ein Teil der Wand zu verschwinden. Almustafa blies mit der Macht seines Atems darauf, und er hob sich hinweg wie eine Wolke, die vom Wind getrieben wird.

Und so gingen Nicodemus und Almustafa durch die Öffnung in der Wand ins Licht der

Morgensonne. Nicodemus, der erkannte, daß sie wirklich frei waren, wandte sich Almustafa zu, umarmte ihn und flüsterte atemlos:

»Ja, Bruder, nun sehe ich die Schönheit des Herrn des Lichtes!«

Almustafa begab sich sofort zum Marktplatz, während Nicodemus zu mir kam, um mir zu sagen, daß es ihnen gutginge. Und so sahen die Priester, die ihn in die Gefängniszelle geworfen hatten, Almustafa.

Schnell riefen sie andere herbei, sich zu versammeln und ihn zu fangen, denn nun waren sie vollends von Furcht ergriffen und schreckten vor keiner Tat zurück, um ihn zum Schweigen zu bringen.

Als sich der Kreis der Priester um ihn schloß, sprang Almustafa auf einen Karren und rief ihnen zu:

»Brüder, ehe ihr handelt, hört meine Worte!«

Hafiz, ein älterer Priester, rief:

»Wir haben genug von deinen Worten gehört, Almustafa, und wir befanden, daß sie voller Lügen sind. Hättest du deine Worte gezügelt und den Menschen nur von ihnen selbst erzählt, aber stattdessen fülltest du ihre Ohren mit eitlen Versprechungen von der Einheit mit Gott. Vielleicht kannst du Kinder in das Land deiner Träume entführen, aber uns täuschst du nicht. So schweige!«

Almustafa erhob sein Haupt und sprach:

»Eher solltet ihr versuchen, den Wind zum Schweigen zu bringen, denn die Wahrheiten, die mir bekannt sind, werden ausgesprochen werden.

Du sagst, ich hätte die Worte an meine Brüder und Schwestern verhüllen sollen, ich hätte nur von ihnen selbst sprechen sollen und nicht von ihrer Einheit mit Gott.

Und dennoch, ich sage dir, daß ich tatsächlich über nichts anderes als sie selbst sprach, als ich von Gott sprach, denn wahrhaftig, ihr höheres Selbst ist nichts anderes als Gott.

Und damit sprach ich über nichts außer der Einheit der kleineren und größeren ›Selbste‹, die in Wahrheit nur ein Selbst sind.

Und so sprach ich in der Tat von der Einheit

mit Gott, die kein eitles Versprechen, sondern eine immer vorhandene Gewißheit ist. Denn wo sonst sollte Gott wohnen als in unserem innersten Wesen?

Und so sind wir eines. Und so wie wir es am Anfang waren, werden wir es weiterhin sein, denn unser Leben ist ohne Ende.«

»Sogar jetzt, während ich spreche, umgibt uns die unendliche Liebe Gottes, und während er uns in diese Liebe hüllt, gewährt ER uns die erhabene Einheit, die er selbst ist.

Und so wie er uns gibt, gibt er allen, denn es gibt nichts, das nicht in der Heiligkeit fortdauert, die wir Gott nennen.

Ja, kein Teilchen der Materie bewegt sich, das allein Materie wäre, denn die ganze Schöpfung schwingt zuerst als lebendiges Sein im Heiligen Geist.

Und so ist Gottes Liebe zum Leben ewiglich und immerdar erfüllt von Freude und wird allen zuteil. ER bittet um nichts, denn mit seiner Liebe ist das königliche Geschenk des freien Willens verbunden.

So überläßt es Gott einem jeden von uns, wie wir SEINE Liebe zurückgeben.«

»Brüder, so habe ich von Anbeginn an gesprochen, und ebenso spreche ich jetzt. Aber meine Worte sollen euch nicht verwirren, erquickt euch stattdessen an SEINER Liebe.

Diejenigen unter euch, die von meinen Liedern nur die Worte hören und nichts von der Liebe fühlen, die ihnen innewohnt, sind wie jene, die das Toben des Sturmes hören, aber nichts von der Liebe fühlen, mit der er die Erde überschüttet.«

Hafiz unterbrach ihn und sprach:

»Sei still, Almustafa! Du speist uns mit Dichtung ab. Willst du uns ärgern?«

Almustafa wandte sich um, ihm zu antworten:

»Nein, Brüder, ich möchte nicht, daß ihr eure Herzen mit Haß erfüllt, denn ich sage euch, daß das, was eure Herzen erfüllt, auch eure Tage und Nächte erfüllt, und die Furcht, die euch einen Augenblick lang ergreift, wird euch viele Jahre lang plagen.

Lieber wäre es mir, ihr fülltet eure Herzen mit Liebe und teiltet so mit mir unsere letzte Umarmung, denn nun gehe ich wie ein Pfeil von euch, den der Bogen entläßt.

Ja, wie ein Pfeil, der schon jetzt hebt und sich vorbereitet zu fliegen.«

Almustafa erblickte diejenigen, mit denen er seine Jugend geteilt hatte, und er rief:

»Kommt, meine Lieben, kommt zu mir und empfangt meine Berührung. Denn gebe ich von mir mit dieser Berührung, gebe ich von meiner Liebe.

Und wahrhaftig, ich rate euch, geht in euch und erkennt, daß ihr im Geiste vereint seid.

Und versteht im Lichte dieser Einheit die Wahrheit des *Lebendigen Gottes*, der immerdar vereint ist durch die Unendlichkeit der Zeit und des Raumes.

Ein Gott, der den Trennungen, die ihr ihm aufbürdet, keine Beachtung schenkt, so wenn ihr einen Teil von ihm in den Himmel und einen anderen auf die Erde verbannt, der immer getrennt von IHM sein soll.

Der Herr beachtet diese Trennungen nicht, denn als strahlendes Licht entströmt er jedem Funken des Lebens.«

Hafiz schrie: »Genug, genug!«

Dann wandte er sich den Priestern zu, die um ihn standen und rief:

»Bringt diesen Ketzer zum Schweigen. Diesen Zauberer, der Steinmauern trotzt. Geben wir ihn seinem heiligen Licht zurück! Seine Worte entweihen unseren Festtag! Versammeln wir uns schnell, und bringen wir ihn jetzt und für immer zum Schweigen!«

Bei diesen Worten lief ich über den Marktplatz und stand bei Almustafa, der sich mir zuwandte und sprach:

»Almitra, ich bin voller Freude, daß du gekommen bist, denn vieles haben wir heute zu teilen.

Öffne deine heilige Herzenspforte, meine Schwester, und nimm das Licht dieses Augenblicks in dich auf. Tauche dein ganzes Sein in diesen Strom und laß ihn dich befähigen, den Fluß der zeitlosen Gegenwart in dem Gefäß, das du bist, zu bewahren.

Wahrhaftig, dann sollst du vorbereitet werden und fähig sein, dem Leben, das dich jetzt ruft zu dienen.

Einmal von diesem Licht umhüllt, wirst du eine heilige Zeugin sein, und das Leben wird die Erinnerungen, die du jetzt in dich aufnimmst, ewiglich bewahren.«

»Zeichne sie in Liebe auf, Almitra, denn so wird jeder daran teilhaben können, der das Leben in meinem Namen sucht und dich bittet, dich an diesen Tag zu erinnern.

Und nun, meine Schwester des Lichtes, gehe in dich, so wie du es zuvor schon tatest, und sieh mich als das, das ICH BIN. Komme zu mir und sei gewahr, daß ich über alle Trennung wie Schmerz und Tod erhaben bin. Betrachte diesen Moment so, wie du die Geburt betrachtetest. Es ist nichts anderes als das Eingehen des Lichtes in Licht.

Die Einheit des Seins, in dem wir alle leben, hat mich mit der Stimme des GEISTES in sein HERZ gerufen, und ich gehe mit dem Wissen, daß ich in seinen GEIST heimkehren werde.«

Almustafa stand plötzlich reglos, als sei die Zeit selbst gefroren, und während er tief in meine Augen schaute, teilten sich mir seine stummen Gedanken mit. So schwand meine Furcht, als ich seine Worte verstand:

»Meine Schwester, betrachte diese Menschen nicht als meine Mörder, denn in Wahrheit gehe ich an diesem Tag nicht zugrunde.

Ich setze nur meine Reise in einer anderen Form fort.

Und, Almitra, sei gewiß, daß mich niemand auch nur einen Moment vor meiner Zeit von dieser Ende hinwegsendet.

Obwohl diejenigen, die jetzt vor mir stehen, glauben, sie seien die handelnde Kraft, sind sie es nicht.

Denn wahrhaftig, alle auf dieser Erde haben nur an den Auswirkungen teil, die sie zu sich gerufen haben.

Und obwohl der Ruf sogar für ihre eigenen Ohren manches Mal stumm zu sein scheint, wird er doch vom *Ohr des Lebens* vernommen und später von der *Hand des Lebens* offenbart... Und so ist es auch mit mir. Denn in meiner Bewegung habe ich innegehalten, und sogar nach meinem Abschied bleibe ich bei dir, um immerdar von der Liebe und der Freude der Einheit zu sprechen.«

Als dieses stumme Lied endete, erging ein Steinhagel über Almustafa. Er wandte sein Gesicht den Priestern zu und rief die Steine an:

»Zart, Freunde, sanft, erinnert ihr euch nicht mehr an mich? Ich bin es, Almustafa, euer Bruder aus vergangenen Tagen. Ich bin derjenige, der vor gar nicht so langer Zeit mitten auf dem Weg innehielt, um viele von euch aus den liebenden Armen eurer Mutter Erde emporzuheben.

Mit eben diesen Händen hob ich euch näher an meine Augen, um von eurer Schönheit zu trinken, und um über das Rätsel, das ihr seid, zu staunen.

Ja, meine Freunde, dieses und mehr habe ich getan, denn war ich nicht derjenige, der ob eures Lebens frohlockte, während alle anderen euch für kalten, toten Stein hielten? Erinnert euch, meine schweigsamen Brüder, und tanzt nur zart auf meiner Haut, denn wahrlich, nichts anderes als euren Kuß auf meinem Fleisch bedarf ich, um aus dieser Form aufzusteigen. Nur das Leben brauche ich freizusetzen, um sodann mit dem Wind zu tanzen.«

Seine Worte endeten, als er unter einem schweren Leichentuch von Steinen zusammenbrach. Ich stand wie gelähmt, als seine

Stimme nochmals in den Lüften zurückkehrte.

In der Musik seiner Worte spürte ich den Windhauch eines großen vorbeiziehenden Sternes, und er sagte:

»Ihr mögt meine Augen mit diesen Lagen von Staub bedecken, aber niemals werdet ihr das Licht, das in ihnen scheint, auslöschen.«

Als seine Worte verklangen, erschien mitten unter den Steinen ein Licht zwischen seinen Augen. Es formte einen Kreis auf seiner Haut und flutete dann in die Atmosphäre, den Bereich des Universums, der vor Leben vibrierte. Das Licht stieg schnell in den Himmel empor. Es trieb und wirbelte in der Luftströmung und formte das Bild eines Mannes – eines so unermeßlich großen Mannes, daß er den Himmel umfaßte.

Schließlich stand er im Universum und streckte seine Arme wie Nebelschleier zu denen unter ihm aus, die auf Erden weilten und fortfuhren, die irdische Gestalt des geistigen Wesens, Almustafa, des Erwählten und Geliebten, zu steinigen.

Während in Wahrheit der Herr jenes Hauses den Körper, der ihn so liebevoll während seiner Tage auf Erden getragen, verlassen hatte und in Sphären und Zeiten eingegangen war, die ihnen nur im Traum erscheinen konnten.